Informatik aktuell

Herausgeber: W. Brauer
im Auftrag der Gesellschaft für Informatik (GI)

Wolfgang A. Halang (Hrsg.)

Kommunikation unter Echtzeitbedingungen

Echtzeit 2012

Fachtagung des gemeinsamen Fachausschusses
Echtzeitsysteme von
Gesellschaft für Informatik e.V. (GI),
VDI/VDE-Gesellschaft für Mess- und Automatisierungs-
technik (GMA) und
Informationstechnischer Gesellschaft im VDE (ITG)
Boppard, 22. und 23. November 2012

GESELLSCHAFT FÜR INFORMATIK E.V.

 VDI/VDE-Gesellschaft
Mess- und Automatisierungstechnik

ITG INFORMATIONSTECHNISCHE
GESELLSCHAFT IM VDE

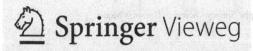 Springer Vieweg

Herausgeber

Wolfgang A. Halang
Fernuniversität in Hagen
Lehrstuhl für Informationstechnik, insb. Realzeitsysteme
58084 Hagen
wolfgang.halang@fernuni-hagen.de

CR Subject Classification (2001): C3, D.4.7

ISSN 1431-472X
ISBN 978-3-642-33706-2   e-ISBN 978-3-642-33707-9
DOI 10.1007/978-3-642-33707-9
Springer Heidelberg Dordrecht London New York

Die Deutsche Nationalbibliothek verzeichnet diese Publikation in der Deutschen Nationalbibliografie; detaillierte bibliografische Daten sind im Internet über http://dnb.d-nb.de abrufbar.

Springer Vieweg

Springer Vieweg ist eine Marke von Springer DE.

Springer DE ist Teil der Fachverlagsgruppe Springer Science+Business Media

www.springer-vieweg.de

Vorwort

In diesem Jahre begeht der GI/GMA/ITG-Fachausschuss Echtzeitsysteme sein zwanzigjähriges Bestehen. Um dieses gebührend zu feiern, blicken wir über den Tellerrand der üblichen technisch-wissenschaftlichen Beiträge und schlagen die Brücke zur Kunst. Einer der Pioniere der Echtzeitsprachentwicklung, Herr Professor Elzer, zeigt in seinem Festvortrag, wie man sich nach der Pensionierung gepflegt beschäftigen kann. Die Zeit und insbesondere Echtzeitverhalten spielen seit jeher eine bedeutende Rolle in der Musik. Herr Elzer knüpft hier an und nutzt informationstechnische Möglichkeiten als gestalterische Mittel, bspw. zur Visualisierung von Ton mit Bewegung und Farben.

Dem Fachausschuss ist die Förderung des Nachwuchses ein besonderes Anliegen. Deshalb vergibt das Programmkomitee im Jubiläumsjahr den im Graduiertenwettbewerb für studentische Abschlussarbeiten ausgelobten Preis gleich viermal. In einer Sitzung präsentieren die Sieger ihre Arbeiten, die alle ganz dem Leitthema „Kommunikation unter Echtzeitbedingungen" der Tagung entsprechen. Zunächst wird ein sicheres Feldbussystem entworfen, dessen Zeitverhalten trotz der Bereitstellung von Fehlertoleranzmaßnahmen durch Dreifachredundanz vorhersagbar bleibt. Dann wird gezeigt, wie letzteres für hoch ausgelastete Netzkommunikation in komplexen und heterogenen Systemen mit Hilfe einer Middleware erreicht werden kann. Die beiden anderen Beiträge beschäftigen sich damit, von einem weit verbreiteten Echtzeitbetriebssystem ausgesendete Ethernet-Ströme in ihrem zeitlichen Verhalten überhaupt erst vorhersagbar zu machen und andererseits unter nicht echtzeitfähigen Betriebssystemen trotzdem echtzeitfähige Interprozesskommunikation mit auf dedizierten Rechnerkernen ablaufenden Echtzeitprozessen zu bewerkstelligen.

Das zwanzigjährige Bestehen des Fachausschusses ist aber nicht das einzige zu feiernde Jubiläum, denn im Jahre 2012 findet die Fachtagung „Echtzeit" in Boppard zum 33. Male statt. Für eine Konferenzreihe ist dies schon eine recht stolze Zahl und ein hervorragender Anlass, den Bürgermeister von Boppard einzuladen, die Tagung mit einem Grußwort an die Teilnehmer zu eröffnen.

In den ersten Jahrzehnten hieß die Tagung „PEARL-Workshop". Obwohl der Name geändert wurde, liegt dem Fachausschuss die Pflege der Echtzeitprogrammiersprache PEARL sehr am Herzen, nicht zuletzt deshalb, weil es die einzige Programmiersprache ist, für die es eine DIN-Norm gibt. Deshalb ist die erste Sitzung der Tagung Maßnahmen gewidmet, die geeignet sind, die Verbreitung von PEARL zu fördern. Um das Betriebssystem Linux in allen seinen Varianten als Ablaufumgebung nutzen zu können, beschreibt ein Beitrag die Abbildung grundlegender Sprachelemente von PEARL auf die Programmiersprache C mit Linux als Laufzeitumgebung. Der zweite Beitrag stellt eine Web-gestützte Programmierumgebung für PEARL vor, die es erlaubt, weltweit von jedem Rechner mit Internet-Anschluss aus auf einem Server PEARL-Programme zu entwickeln und auch in Modellanlagen zu testen.

Das Leitmotiv der Tagung „Kommunikation unter Echtzeitbedingungen" wird auch noch in zwei weiteren Sitzungen behandelt. So wird ein Protokoll zur anwendungsspezifischen Drahtloskommunikation zu Fernwartungszwecken vorgestellt. Entwicklung und Integration der hochkomplexen Software multimedialer Unterhaltungs- und Informationssysteme zum Einsatz in Automobilen auf gemeinsamen Plattformen werden vor dem Hintergrund von Anforderungen an Verlässlichkeit, Sicherheit und Zeitverhalten thematisiert. In der Automatisierungstechnik werden anstelle von Feldbussen zunehmend auch Ethernet-basierte Lösungen zur Kommunikation eingesetzt. Es wird eine Referenzarchitektur präsentiert, die die Unterschiede zwischen diesen Ansätzen überbrückt.

Das Ethernet ist auch Thema in einer Sitzung, die sich mehr mit der Entwicklung von Echtzeitkommunikationssystemen beschäftigt. Und zwar wird dargelegt, wie in Ethernet-gestützten Netzen Anomalien diagnostiziert, Fehlerquellen lokalisiert und das Betriebsgeschehen visualisiert werden können. Methoden vertretbaren Rechenaufwandes zur Modellierung und Simulation der Dynamik über Kommunikationsnetze verbundener physikalischer und informationsverarbeitender Hybridsysteme werden in einem weiteren Beitrag vorgestellt. Schließlich wird ein Vorschlag diskutiert, komplexe Systeme hinsichtlich ihrer funktionalen und informationellen Sicherheit ganzheitlich zu analysieren.

Der Sicherheit dient auch eine Testbeschreibungen abarbeitende und anwendungsspezifische Geräteadapter verwendende Test- und Simulationsumgebung für eingebettete Systeme, die in der Sitzung zum Thema Entwicklung von Echtzeitsystemen vorgestellt wird. Weiterhin werden die Probleme aufgezeigt, die entstehen, wenn in einer virtualisierenden Ausführungsumgebung aus Zwischencode nativer Code generiert werden soll, und die Maßnahmen aufgeführt, mittels derer Code mit deterministischen Ausführungszeiten erzielt werden kann. Wie Fahrzeugfunktionen modellbasiert für ein Rapid Prototyping System entwickelt werden, wird im letzten Sitzungsbeitrag demonstriert. Zum Einsatz in der Lehre wurde dazu ein Modellauto mit einer Fahrlichtsteuerung ausgerüstet.

Durch Anwendung der antwortzeitgesteuerten Zuteilungsstrategie im Alltag und innovative Fristsetzung ist es erneut gelungen, den vorliegenden Tagungsband rechtzeitig fertigzustellen. Den Autoren sei gedankt, dass sie ihre Beiträge zeitgerecht, in guter Qualität und in vorgegebener Länge abgeliefert haben. Der Springer-Verlag wird sich über das einheitliche Erscheinungsbild des Bandes freuen, obwohl 16 Autoren daran beteiligt waren. Der Feinarbeit daran sowie der Korrektur offensichtlicher Fehler hat sich Frau Dipl.-Ing. Jutta Düring wieder mit großer Hingabe gewidmet, wofür ich ihr besonders herzlich danken möchte. Für die auch in diesem Jahr gewährte großzügige finanzielle Unterstützung der Fachtagung in Boppard zollen Programmkomitee und Leitungsgremium des Fachausschusses den langjährigen industriellen Sponsoren großen Dank.

Hagen, im August 2012 Wolfgang A. Halang

Inhaltsverzeichnis

Graduiertenwettbewerb

Bits for Art – Bits of Art

Peter F. Elzer

ehemals: Institut für Prozess- und Produktionsleittechnik (IPP)
der Technischen Universität Clausthal (TUC)
elzer.home@t-online.de

Zusammenfassung. In diesem Beitrag wird versucht darzustellen, welche wichtige Rolle die Digitaltechnik in Zukunft als Material künstlerischer Gestaltung spielen kann. Als Beispiele werden Lehrveranstaltungen des Verfassers zum Thema „Kreativität mit neuen Medien" sowie kleine Experimente in Richtung einer Visualisierung von Klängen und der Zuordnung von Tönen zu Farben geschildert.

1 Was tut das Bit in der Kunst?

In unserem Fachgebiet glaubt eigentlich jeder zu wissen, was ein „Bit" ist: ein („Kunst"-)Wort aus dem angelsächsischen Sprachraum, die Abkürzung für „binary digit", eine Binärziffer, die nur die Werte „null" oder „eins" annehmen kann.

Dabei kommt es in dieser Bedeutung weder in dem seit Jahren bewährten englischen Wörterbuch [1] des Verfassers vor noch in seinem US-amerikanischen [2]. Dafür finden sich dort mehr andere Bedeutungen als man gemeinhin annimmt. Die, die man erwartet, ist eine in der Aussprache leicht veränderte Form des deutschen „Bissens" oder „bißchen". Die anderen Bedeutungen sind überraschender Weise eher für Heimwerker oder Reiter interessant – für den Verfasser eine Bestätigung seines Eindrucks, den er im Lauf seines Berufslebens gewonnen hat, dass nämlich „das Englische" eine sehr elastische Sprache ist. Das „Bißchen" wird uns aber später noch eingehender beschäftigen.

Jetzt zurück zu „unserem Bit". Was kann es mit Kunst zu tun haben? Es ist doch die einfachste Ziffer und gehört somit zur Welt der Zahlen. Diese wird jedoch von manchen Menschen, die sich besonders zu „Kunst und Kultur" berufen fühlen, häufig als die Welt der „Unkultur" und „Kunstfeindlichkeit" betrachtet. So wird z. B. „Digitalisierung", d.h. die Umwandlung analoger Signale (wie sie etwa die Klänge eines Musikinstruments darstellen) in Zahlen, von manchen Feuilletonjournalisten gerne als der „Verlust der Seele der Musik" oder Schlimmeres angeprangert[1].

Dabei ist „unser Bit" eigentlich noch nicht einmal eine Zahl. Es ist eher ein „Elementarteilchen der Information" und bedeutet streng genommen nur, „dass da etwas ist". Es hat keine Masse, keine Energie, braucht eine Trägersubstanz,

---

[1] Wie allerdings durch ungeschickte Digitalisierung die Klangqualität von Musik oder Sprache ruiniert werden kann, ist inzwischen bekannt. Eine Erläuterung würde jedoch den Rahmen dieses Beitrags sprengen.

um irgendeine Wirkung zu entfalten, und muß interpretiert werden, um eine Bedeutung zu bekommen. Eine übliche Trägersubstanz ist eine Schaltung, die „bistabiler Multivibrator" heißt, aber üblicherweise den Namen „flip-flop" trägt, eine andere, eine durch einen Laserstrahl in eine Oberfläche aus Aluminium und Kunststoff (üblicherweise CD oder DVD genannt) gebrannte Vertiefung.

Damit ähnelt es aber auf auffällige Weise einem anderen „geistigen Elementarteilchen", aus dem alle anderen Formen der sichtbaren Welt entwickelt werden können: dem Punkt. In der Geometrie ist er eine abstrakte Größe, die keine Ausdehnung hat und somit eigentlich auch nicht existiert. Er wird häufig als „der Schnittpunkt zweier Geraden" definiert oder nach Euklid [3]: „ein Punkt ist, was keinen Teil hat".

In der bildenden Kunst muss jedoch auch der kleinste Punkt eine Trägersubstanz haben, um von Menschen wahrgenommen werden zu können. Das kann eine kleine Anhäufung von Körnchen eines Farbpigments sein oder aber ein Lichtpunkt.

Der Gedanke, dass man alle Bilder aus Farbpunkten aufbauen können müsste, erreichte gegen Ende des 19. Jahrhunderts zum ersten Mal besondere Wirksamkeit in der Maltechnik des „Pointillismus" [4]. Ein Hintergrund dieser Maltechnik, bei der im Prinzip Farbflächen aus Punkten reiner Farben zusammengesetzt wurden, waren (damals neue) Erkenntnisse über die Funktionsweise der Netzhaut im menschlichen Auge sowie vermutlich auch Erfahrungen mit der Fotografie, bei der Bilder ja auch aus Pigmentpunkten (ursprünglich Silberkörnern) bestehen.

Besonders explizit und systematisch wurde in den ersten Jahrzehnten des 20. Jahrhunderts von Künstlern die Bedeutung der grafischen Grundelemente – wie z. B. des Punktes – in den Grundkursen des „Bauhauses" herausgearbeitet [5]. Dort beschäftigten sich besonders Wassily Kandinski, Paul Klee oder Johannes Itten mit diesem Themenkreis.

Als dann in den 1960er Jahren Computer auf breiterer Basis verfügbar wurden und Präzisionsplotter sowie hochauflösende Bildschirme[2] eine Zeichnungsqualität ermöglichten, die vorher nur von handwerklich besonders begabten und geschulten Menschen erreicht wurde, fingen künstlerisch interessierte und begabte Menschen sofort an, dieses neue Handwerkszeug auf sein Potential für künstlerische Gestaltung hin abzuklopfen [6]. Der Verfasser muss aber gestehen, dass er damals noch zu denjenigen gehörte, die z. B. nicht verstanden, was die Arbeiten des Chefs des Siemens Rechenzentrums in Erlangen, Herrn Georg Nees [7], mit dem zu tun haben sollten, was er selbst unter Kunst verstand. Inzwischen sind die Nees´schen Arbeiten so geschätzt, dass vor einigen Jahren in das Institut für Betriebssysteme der Universität Erlangen-Nürnberg eingebrochen wurde und einige der ersten Originale dieser Grafiken geraubt.

Im Prinzip bedeutet das, dass inzwischen Techniken auf digitaler Basis als Werkzeuge oder Materialien bei der Schaffung von Kunstwerken als gleichwertig mit „rein handwerklichen" Hilfsmitteln – wie z. B. Zeichenkohle – anerkannt sind.

---

[2] So hatte z. B. der Bildschirm des Rechners PDP7 von Digital Equipment (DEC), an dem der Verfasser seine Diplomarbeit anfertigte, schon 1966 eine Auflösung von 1000x1000 Punkten.

Bei genauem Hinsehen stellt sich aber auch heraus, dass sie eigentlich keine Verbesserung bewirken. So sind z. B. die „handgemachten" äußerst mathematisch wirkenden Bilder von Bridget Riley [8] nur durch äußerst genaues Hinsehen von solchen unterscheidbar, deren „Konzept" programmiert ist und nicht „von Hand gerechnet". Bei beweglichen Kunstwerken stellt sich die Sachlage jedoch völlig anders dar!

2 Das bewegte Bit

Kunst besteht ja nicht nur in der Erzeugung von Bildern, Statuen oder anderen unbeweglichen Gegenständen. Kunst kann auch sehr dynamisch sein – wie z. B. Musik, Tanz, Theater oder Film. Technische Hilfsmittel zur Unterstützung dieser Kunstformen waren aber naturgemäß schon seit Jahrhunderten, wenn nicht seit Jahrtausenden sehr aufwendig. Man denke nur an die handwerkliche Perfektion traditioneller Musikinstrumente oder Theatermaschinerien und die dazugehörige Beleuchtungstechnik. So dauerte allein die Entwicklung des „modernen" Klaviers Jahrhunderte. Ganz zu schweigen von dem technischen (und finanziellen) Aufwand, der in einer Orgel steckt, einem Instrument, das der Überlieferung nach im 3. Jahrhundert v. Chr. von Ktesibios von Alexandria zum ersten Mal gebaut wurde.

Der Antrieb für die technische Weiterentwicklung solcher künstlerischer Hilfsmittel war zu allen Zeiten der Wunsch der Menschen nach neuen (bisher „unerhörten") und schöneren Klängen, nach bewegten Bildern – man könnte sagen, nach der Realisierung von Träumen! Und dazu braucht man Hilfsmittel, die eigentlich materielos sind und mit beliebiger Geschwindigkeit bewegt werden können.

Ein schönes Beispiel für diesen alten Wunsch der Menschen ist, wie lange sie schon daran arbeiten, so etwas wie „Kino" zu erzeugen. Man ist sich heute ziemlich sicher, dass Höhlenmalereien so angelegt waren, dass die Tierfiguren durch die geschickte Ausnutzung von Felsformen und dem Flackern der Fackeln oder Tranlampen „lebendig" wirkten. Das wird später fortgeführt mit der „Camera obscura" (in Europa erstmals erwähnt bei Roger Bacon um 1260) und ihre Anwendung für bewegte Bilder durch den Jesuitenpater Athanasius Kircher um die Mitte des 17. Jahrhunderts [9].

Auch der Wunsch, zu verstehen, wann und warum Musik als schön empfunden wird, hat bereits Pythagoras (ca. 570 bis 480 v. Chr.) dazu gebracht, mit Hilfe eines „Monochords" [10] zu erforschen, welche Akkorde von Menschen als „harmonisch" empfunden werden und welche nicht. Die von ihm und seinen Schülern formulierten Grundprinzipien legten die Grundlagen für die abendländische Musiktheorie und ihre (besonders in der Barockzeit) enge Beziehung zur Mathematik.

Diese offenbar relativ geringe Berührungsscheu von Musikern gegenüber technischen Hilfsmitteln führte auch dazu, dass zu Beginn des 20. Jahrhunderts die neu aufkommende Elektronik für die Erzeugung neuer Klänge nahezu euphorisch begrüßt wurde. Das führte zu einer Fülle neuer Musikinstrumente, von denen heute manche nur noch Spezialisten bekannt sind, wie z. B. das „Theremin" (vom Erfinder gleichen Namens) oder das „Trautonium" (von Friedrich Trautwein), das dann von Oskar Sala weiterentwickelt und vor allem eingesetzt wurde (am bekanntesten ist der von ihm geschaffene Ton zum Hitchcock-Film „Die Vögel"). Heute sind elektronische Hilfsmittel aus dem Musikleben kaum mehr wegzudenken. Am bekanntesten ist wohl der „Synthesizer" von Moog. Selbst der Verfasser war überrascht, wie selbstverständlich es heute ist, Computerprogramme als Hilfsmittel zum Komponieren und Musizieren einzusetzen.

Der vielleicht bekannteste Pionier bei der Verwendung technischer Mittel für die Realisierung künstlerischer Ideen ist Nam June Paik [11–13]. Er arbeitete zwar praktisch ausschließlich mit analoger TV-Technik, da die damalige Digitaltechnik für seine Zwecke noch zu schwerfällig war, aber seine Werke stellen nach Ansicht des Verfassers immer noch eine nahezu unerschöpfliche Fundgrube für weitergehende Kreationen dar. Besonders interessant ist ein großes weltweites „Happening", das er 1984 und dann wieder 1988 organisierte. Dabei ließ er gleichzeitig eine Reihe von Künstlern verschiedener Gebiete weltweit gemeinsam agieren. Ihre Darbietungen wurden über Satellitenfernsehen jeweils so übertragen, dass sie sie auf die ihrer jeweiligen Partner abstimmen konnten. Eine solche Form weltweiter Zusammenarbeit erscheint heute mit Hilfe des Internets fast „trivial", stellte aber in den 1980er Jahren eine wohl einzigartige Pioniertat dar.

Die heutigen Leistungen der Anwendung von Datentechnik für künstlerische Zwecke stehen aber dahinter längst nicht mehr zurück. Der Verfasser hatte Gelegenheit, die SIGGRAPH-Konferenzen in New Orleans (2000) und San Diego (2003) zu besuchen und war beide Male von der Vielfalt und der Qualität der Vorträge, Exponate und Filmprogramme außerordentlich beeindruckt. Dazu kam, dass beide Male Tausende junger Menschen diese Tagungen mit offenbarer Begeisterung besuchten. In New Orleans waren es z. B. fast 26.000 und in San Diego etwa 24.000 Besucher. In Europa gibt es ähnliche Veranstaltungen, wie z. B. die „Eurographics" oder die Sonderausstellungen bei der „Ars Electronica", auch wenn sie etwas andere Schwerpunkte haben und nicht so breit angelegt scheinen. Diese Eindrücke veranlassten den Verfasser, selbst auf dem Gebiet der Anwendung datentechnischer Mittel für künstlerische Zwecke tätig zu werden.

3   Kreativitätsschulung im Ingenieurstudium

3.1   Notwendigkeit

Schon während seiner Industrietätigkeit hatte der Verfasser den Eindruck gewonnen, dass es für die Entwicklung erfolgreicher neuer Produkte nicht genügt, immer nur nach „dem System der kleinen Schritte" vorzugehen. Das gilt besonders, wenn es um den „Gebrauchsnutzen" für die Kunden und Anwender geht, der ja schließlich den Hauptgrund für eine Kaufentscheidung darstellt.

Nun kann man Kreativität nicht einfach von Fall zu Fall nach dem Motto befehlen „nun lassen Sie sich gefälligst einmal etwas wirklich Neues einfallen". Sie sollte entwickelnden Ingenieuren schon von der Ausbildung her zu einer Art zweiter Natur geworden sein. Dabei sollte auch darauf geachtet werden, dass sie sich an der Art von Werkzeug „festmacht", die im späteren Berufsleben eine wesentliche Rolle spielen wird. Etwas überspitzt ausgedrückt: Entwickler in der Informationstechnik sollten ihre Kreativität nicht unbedingt in Töpferkursen üben. Eingehendere Betrachtungen zu diesem Thema hat der Verfasser schon einmal in einer anderen Veröffentlichung ausgeführt [14].

Kreativitätstraining sollte vorzugsweise an eigenen Projekten erfolgen und nicht nur durch Betrachtung der Leistungen anderer Menschen. Trotzdem muss es natürlich ergänzt werden durch Kontakt mit besonders vorbildlichen Beispielen. So konnte der Verfasser z. B. im Jahr 1991 die Chance nutzen, anlässlich der Verleihung des Kaiserrings der Stadt Goslar an Nam June Paik (s.o.), Studierenden und Mitarbeitern dessen Arbeiten demonstrieren zu lassen. Leider sind solche Gelegenheiten sehr selten und sie ergab sich auch während seiner Lehrtätigkeit in Clausthal kein zweites Mal.

Also wurde in kleinem Maßstab begonnen und Übungen zu den Vorlesungen „Mensch-Maschine-Kommunikation" und „Visualisierung" als Power-Point-Präsentationen gestaltet. Erst als Fördermittel für ein TUC-übergreifendes „virtuelles Labor" [15] eingeworben werden konnten[3], konnte als „Nebenprodukt" das „virtuelle Weltall" als eigene Lehrveranstaltung aufgebaut werden [16].

3.2   Spaziergänge in Phantasiewelten

Der technische Aufwand war zunächst erheblich. Es wurde ein halbrunder Projektionsraum mit 10 Projektoren entwickelt (jeweils 2 übereinander und 5 nebeneinander). Dazu kam eine Bodenprojektion, um in etwa die Möglichkeiten einer „Cave" zu erzielen. Position und Blickrichtung der Beobachter, die sich frei in dem dadurch geschaffenen halbrunden Raum bewegen konnten, wurden durch einen elektromagnetischen Positionssensor erfaßt. Der Aufbau war zerlegbar und transportabel, um ihn auch bei Veranstaltungen der TU an anderen Orten einsetzen zu können. Die Anlage ging zum ersten Mal im Jahr 2001 anläßlich des „Tags der Forschung" der TUC in Betrieb. Mit der heutigen Gerätetechnik würde die Ausrüstung sicher billiger und die Bildqualität besser. Eigentlich müsste man jedoch statt der Projektoren große flache Bildschirme einsetzen, um den großen Platzbedarf zu reduzieren.

Von besonderer Wichtigkeit war die Wahl des Themas. Es sollte einigermaßen geistig anspruchsvoll sein, um den zu erwartenden hohen Arbeitsaufwand für die Studierenden zu rechtfertigen und gleichzeitig viel Spielraum für Phantasie lassen. Nach längerer Diskussion wurde „Spaziergang im Weltall" gewählt.

Ein besonderer Vorteil war dabei, dass dafür ein besonders sachverständiger Kollege als zweiter Dozent gewonnen werden konnte, Herr Leonhard Reindl, der bereits lange Erfahrungen mit dem Abhalten von Kursen zum Thema Astronomie hatte. Im ersten Jahr waren alle Beteiligten noch sehr vorsichtig und die Vorführung eines Spazierganges durch das Sonnensystem geriet etwas statisch.

---

[3] Dabei waren die Kontakte des Verfassers zum „Media Lab" am MIT sehr hilfreich.

Ein kritischer Betrachter beurteilte das Ergebnis sogar als „einen besonders teuren Diavortrag".

Im zweiten Jahr wurden Studierende und Betreuer schon deutlich mutiger. Sie gestalteten ein Sonnensystem in ständiger Bewegung, was manchmal zu überraschenden Effekten bei der Demonstration führte (Abb. 1).

Abb. 1. Ein Betrachter im Sonnensystem im Jahr 2003

Im dritten Jahr überraschte der Kurs den Verfasser dann mit einer wirklich kreativen Gestaltung. Offenbar hatte einer der Teilnehmer Douglas Adams [17] gelesen. Die Umsetzung war eindrucksvoll. Der jeweilige Betrachter konnte sich aus einem virtuellen Tempel (Abb. 2) auf fremde Planeten verschiedenen „Unwirtlichkeitsgrades" versetzen lassen und musste seinen Rückweg durch „magische Tore" finden, die aber oft recht schwierig erreichbar waren. Der Verfasser war an dieser Konzeptfindung absolut unbeteiligt gewesen und deshalb über die kreative Leistung der Kursteilnehmer besonders erfreut.

Abb. 2. Der „Tempel des Alls" im Jahr 2004

3.3 Interaktives Theater

Als der Verfasser dann im Ruhestand war, wollte er noch eine Idee realisieren, die er schon Mitte der 1980er Jahre angedacht hatte: eine Stadt, die ihre eigene Geschichte erzählt. Der Auslöser waren Besuche in der französischen Partnerstadt seines damaligen Wohnsitzes Schriesheim bei Heidelberg: Uzès. Diese Stadt in Südfrankreich hat eine sehr lange und reichhaltige Geschichte, in der es dementsprechend auch sehr eindrucksvolle Akteure gibt.

Das sollte aber nicht in Form eines Kulturfilms geschehen – den es bereits gab – sondern interaktiv. Ein Besucher sollte sich in einem lebensgroßen Modell der Stadt bewegen können und bei Annäherung an eine „historisch aufgeladene" Stelle plötzlich Anekdoten aus der Stadtgeschichte erleben – und sei es in der Form von Geistererscheinungen.

Da zu erwarten stand, dass der dafür notwendige Arbeitsaufwand für eine Lehrveranstaltung zu hoch sein würde, wurde das Projekt aus Drittmittelresten finanziert. Die ersten Ergebnisse waren sehr ermutigend in dem Sinne, dass die erhoffte Darstellungsqualität erreicht werden konnte (Abb. 3).

Abb. 3. Eine Altstadtgasse in Uzès

Auch die Qualität von Effekten – wie z. B. die Erscheinung des Geistes eines in den napoleonischen Kriegen gefallenen Admirals – entsprach den Erwartungen. Eine Abschätzung des für die Fertigstellung einer öffentlich vorführbaren Version notwendigen Arbeitsaufwandes ergab aber leider, dass ein solches Projekt im organisatorischen Rahmen einer kleinen technischen Universität viel zu lange dauern würde. Es wurde deshalb abgebrochen und der Verfasser nahm sich Themen vor, von denen er erwarten konnte, auch ohne Mitarbeiter zu Ergebnissen zu kommen.

4 Einige Bißchen Kunst

4.1 „Vom Klang der Bilder"

Dies ist der Titel eines (sehr schweren) Buches, das 1985 anläßlich einer gleichnamigen Ausstellung in der Staatsgalerie Stuttgart erschien [18]. Es ist für den

Verfasser seitdem sowohl eine fast unerschöpfliche Quelle von Anregungen als auch Bestätigung eines Eindrucks, den er schon lange hatte: dass es nämlich einen Zusammenhang von Farb- und Toneindrücken gibt. Welche physio- oder psychologischen Hintergründe dieser haben mag, war anscheinend noch kaum Gegenstand von Forschung, aber es gibt immer wieder Künstler, die auf verschiedene Weisen erproben, welche Wirkungen daraus entstehen könnten.

Das reicht von der Komposition von Musikstücken, die einen Bildeindruck des Komponisten widerspiegeln sollen, bis hin zu Versuchen, den verschiedenen Farben Töne zuzuordnen, um so sozusagen „automatisch" zu Klangeindrücken zu kommen, die die Farbkomposition eines Bildes widergeben würden. Wenn man sich etwas in das Thema vertieft, eröffnet sich ein weites Feld, für dessen Bearbeitung eigentlich schon wieder ein halbes Berufsleben zu wenig wäre. Der Verfasser hat deshalb einen Ansatz herausgegriffen, bei dem von einem seiner Vertreter, Luigi Veronesi [19], anscheinend schon 1977 zusammen mit Siemens in Mailand versucht worden war, ihn mit Hilfe datentechnischer Mittel umzusetzen. Nur waren damals offenbar die technischen Hilfsmittel noch zu schwerfällig.

Das Prinzip ist eigentlich ganz einfach: dem Farbkreis (das sichtbare Spektrum von violett bis rot wird über purpur geschlossen) werden die Töne einer Oktave zugeordnet. Eine Oktave höher werden die Farben heller, eine tiefer dunkler. Die Größe der Farbflächen entspricht der Lautstärke. Die Umsetzung ist jedoch – wie immer – nicht ganz so einfach. So stellen sich z. B. folgende Fragen: Wie klingen gemischte Farben? Ist die Abbildung des sichtbaren Spektrums auf eine Oktave wirklich die einzig richtige oder sollte man es nicht besser auf den gesamten Tonumfangs eines Klaviers abbilden? Usw., usw.

Da theoretische Überlegungen hier nicht weiterhelfen, hat der Verfasser deshalb ein Experiment durchgeführt. Auf einem Bild wurden sinnvoll erscheinende Stellen gewählt und deren Farben nach einem vorher entwickelten System Tönen zugeordnet. Das ergab eine zunächst recht einfach aussehende Komposition. Zum Charakter des Bildes (einer Schilflandschaft) hätte der Klang einer Flöte am besten gepasst. Deren Tonumfang war aber zu klein, obwohl es sich um eine „ausgewachsene" Konzertflöte handelte. Also mussten die Töne elektronisch erzeugt werden, usw. Das Ergebnis ist ein (sehr) kurzes Video, das anlässlich des Vortrags vorgeführt werden wird.

4.2 Die Farbe von Musik

In [18] finden sich auf Seite 14 folgende spannende Bemerkungen: „Um 1725 erfand der Jesuitenpater und Mathematiker Louis-Bertrand Castel ein erstes Farbklavier, über das Georg Philipp Telemann 1739 berichtete (und auch zumindest ein Stück dafür komponierte) . . . 1757 konstruierte ein anonymer Freund und Jünger Castels in London ein „Augen-Cembalo" mit 500 Lampen hinter einer Reihe von 50 Glasluken, die durch Anschlag geöffnet wurden . . .". Man kann sich leicht vorstellen, dass diese Art von Instrumenten keine lange Lebensdauer hatte.

Doch die Künstler ließen nicht locker. Alexander Skrjabin z. B. war nur einer aus einer ganzen Reihe, die zu Anfang des 20. Jahrhunderts Musik, Farbe und Tanz zu „Gesamtkunstwerken" vereinen wollten. Er ließ ein „Farbklavier" mit elektrischen Leuchten bauen und setzte es in seinen Aufführungen ein. Dann träumte er allerdings von einem riesigen Kuppelbau (in Indien), in dem er entsprechende Festspiele veranstalten wollte. Die „Philosophie", in die er seine künstlerischen Ideen einbettete, ist dem Verfasser aber entschieden zu mystisch und zu sehr aufs Großartige angelegt. Wenn man unbedingt wollte, könnte man die Lichtregie heutiger großer Popkonzerte als eine Realisierung solcher Tendenzen ansehen.

Wesentlich bescheidener in den Mitteln wurde von vielen Malern versucht, ähnliche Gedanken zu realisieren. Eines der am häufigsten zitierten Beispiele ist Wassili Kandinski, der sowohl auf diesem Gebiet theoretisch arbeitete als auch seinen Schüler(inne)n in der Malklasse Schallplatten vorspielte und sie aufforderte, die Farbempfindungen, die sie dabei hätten, in abstrakte Bilder umzusetzen. Auch Piet Mondrian wird nach seinen rhytmisch strukturierten Bildern („Broadway Boogie Woogie") häufig als Beispiel genannt.

4.3   Abstrakte Filme

Der wohl bekannteste abstrakte Musikfilm ist „Fantasia" von Walt Disney aus dem Jahre 1940. Der Verfasser hat ihn regelmäßig als Anschauungsmaterial in seiner Visualisierungsvorlesung eingesetzt, und die Studierenden waren jedes Mal davon überrascht, was ohne den Einsatz von Digitaltechnik zu jener Zeit schon möglich gemacht worden war. Dabei existierte zu dieser Zeit bereits eine lange Tradition der Zeichentricktechnik, die auch abstrakte Musikfilme umfaßte.

Hier ist vor allem Oskar Fischinger zu nennen. Zunächst war er in Deutschland sehr erfolgreich, musste aber Mitte der 1930er Jahre in die USA emigrieren. Dort arbeitete er für einige Zeit auch in den Walt Disney Studios und trug auch zu „Fantasia" bei. Nach seiner Tätigkeit bei Disney arbeitete er dann wieder unabhängig, war damit aber finanziell nicht mehr sehr erfolgreich. Dennoch ist er heute (vor allem in den USA) gewissermaßen eine „Kultfigur" in der einschlägigen Szene. Einige seiner bekannteren Filme sind z. B. „Kreise" (1933) oder „Komposition in Blau" (1935).

Inzwischen hat diese Szene einen großen Aufschwung genommen. Wenn man etwas im Internet sucht, ist man beeindruckt davon, welche Vielfalt und Kreativität durch das Mittel der Digitaltechnik offenbar regelrecht „befreit" wurde. Für einen Amateur erscheint es also zunächst einmal hoffnungslos, hier mit eigenen Arbeiten irgendetwas Eigenständiges schaffen zu können, das vielleicht auch noch den Charakter einer gewissen Originalität aufweist. Das gilt besonders, wenn man, wie der Verfasser, schon gewisse eigene Erfahrungen auf dem Gebiet des „Filmemachens" hat. So kostete ihn z. B. im Jahr 1961 ein 10minütiger Trickfilm über Weltraumfahrt über ein halbes Jahr intensivster Arbeit, obwohl er ihn überwiegend mit Hilfe von Modellen realisierte. Für einen kleinen Musikfilm auf der Basis eines Stückes von Eric Satie benötigte der Verfasser dagegen „nur" etwa eine Woche, obwohl er noch jeden einzelnen Akkord von Hand zusammensetzen musste. Er enthält noch viele Unvollkommenheiten, aber die gemachten Erfahrungen sind sehr ermutigend.

5 Mögliche Träume

Der Verfasser hofft, dass es ihm gelungen ist, zumindest den Eindruck zu er-
wecken, dass die Datentechnik wegen ihrer „Materielosigkeit" und Trägheits-
armut ein ausgezeichnetes Hilfsmittel für die Realisierung der verschiedensten
künstlerischen Ideen ist. Natürlich hat dies die vielgescholtene „Traumfabrik" in
Hollywood als erste erkannt, aber wenn die Preise für die Werkzeuge weiterhin
so abnehmen und ihre Leistungsfähigkeit weiterhin so steigt, werden garantiert
auch viele „kleine Träumer" davon profitieren und ihre Ideen in die Wirklichkeit
umsetzen können. Dabei werden dann sicher auch viele ganz neue sein.

Literaturverzeichnis

1. *Cassel's German & English Distionary.* 12. Auflage, 4. Nachdruck, Cassell & Company, London 1972
2. *Webster´s New World Dictionary.* Revidierte Taschenbuchausgabe der 2. College
   Ausgabe, The World Publishing Company, 1973
3. *Meyers großes Universallexikon, Band 11.* Bibliografisches Institut Mann-
   heim/Wien/Zürich, 1984
4. Budde, R.: *Pointillismus – auf den Spuren von Georges Seurat.* Prestel, München,
   New York, 1997
5. Wick, Rainer K.: *bauhaus PÄDAGOGIK.* Dumont Buchverlag, Köln: 1982
6. Steller, Erwin: *Computer und Kunst, Programmierte Gestaltung: Wurzeln und Tendenzen neuer Ästhetiken.* BI-Wiss.-Verl., Mannheim, Leipzig, Wien, Zürich, 1992
7. Nees, G.: *Generative Computergraphik.* Siemens AG, Berlin München 1969
8. Stecker, R. (Hrsg.): *Bridget Riley, ausgewählte Gemälde.* Hantje Cantz Publishers,
   Ostfildern-Ruit, 2000
9. Waldekranz, R., Arpe, V.: *Knaurs Buch vom Film.* Droemersche Verlagsanstalt,
   München-Zürich, 1956
10. *Meyers großes Universallexikon, Band 9.* Bibliografisches Institut Mann-
    heim/Wien/Zürich, 1983
11. Herzogenrath, W.: *Nam June Paik, Fluxus - Video.* Verlag Silke Schreiber, Mün-
    chen, 1983
12. Stooss, T., Kellein, Th. (Hrsg.) *Nam June Paik, Video Time - Video Space* Edition
    Cantz, Stuttgart, 1991
13. Bußmann, K., Matzner, F. (Hrsg.): *Nam June Paik, eine DATA base.* Edition
    Cantz, Stuttgart, 1993
14. Elzer, P.: *Kreativitätstraining mithilfe „Neuer Medien"* – *eine Methode zur Er-
    höhung der Innovationskraft.* In: Dorn, K.-H. et al (Hrsg.): Innovationen durch
    Projektmanagement – oder ?! . Tagungsband der Konferenz „interPM" Glashütten
    2008, S. 191-208, dpunkt. verlag, Heidelberg, 2008
15. Elzer, P., Sauermann, K.-H.: *Das „Clausthaler Virtuelle Labor" des ITZ.* In: ITZ-
    Berichte der TUC, Band 1, Heft 4, S. 49-62, 2003
16. Elzer, P., Reindl, L.: *Bau eines interaktiven Environments „begehbares Weltall" als
    studentisches Projekt.* In: ITZ-Berichte der TUC, Band 1, Heft 4, S. 37-48, 2003
17. Adams, D.: *Der Elektrische Mönch.* Rogner & Bernhard, Hamburg, 1988
18. v. Maur, K. (Hrsg.): *Vom Klang der Bilder – Die Musik in der Kunst des 20.
    Jahrhunderts.* Prestel-Verlag, München 1985
19. Wolbert, K. (Hrsg.): *Luigi Veronesi, Rationalistische Abstraktion.* Institut Mathil-
    denhöhe, Darmstadt, 1997

Sprach-Mapping von PEARL auf die Linux-Systemschnittstelle

Holger Kölle

Hochschule Furtwangen, 78120 Furtwangen
Holger.Koelle@koelle-ohg.de

Zusammenfassung. Dieser Artikel beschreibt die Machbarkeit einer Sprachabbildung, auch Sprach-Mapping genannt, der Echtzeitprogrammiersprache PEARL auf die Programmiersprache C, mit Linux als Laufzeitumgebung. Untersucht wird, ob und falls ja, wie die wichtigsten Laufzeitkonstrukte von PEARL (Scheduling, Taskkonzept, Semaphoren und Interrupts) auf die Programmiersprache C abbildbar sind. Analysiert werden diese auf einem Standard-Linux, einem Standard-Linux mit preemptive priority scheduling und einem Linux mit Echtzeitkernel (Xenomai). Grundsätzlich ist die Sprachabbildung von PEARL auf die Linux Systemschnittstelle möglich. Die Mindestvoraussetzung dafür ist ein Linux mit preemptive priority scheduling. Allerdings müssen dann sowohl Zeit- als auch Interruptsteuerung selbst implementiert werden. Auch eine Abbildung auf Xenomai ist denkbar. Allerdings erfordert diese deutlich mehr Aufwand, sowohl bei der Implementierung als auch bei der späteren Wartung.

1 Einleitung

Die Programmiersprache PEARL wurde im Jahr 1981 erstmals von der DIN genormt. Im späteren Verlauf wurde die Sprachnorm wesentlich erweitert und nicht praxisrelevante Teile entfernt. Diese Arbeit basiert auf der aktuellen Sprachnorm mit der Bezeichnung „PEARL 90".

Der Name PEARL steht für „**P**rocess and **E**xperiment **A**utomation **R**ealtime **L**anguage". Zielsetzung der Sprache ist eine leichte Erlernbarkeit und eine komfortable Programmierung von Echtzeit Multitasking Systemen [1].

Da PEARL für Multitasking konzipiert wurde, verfügt es natürlich auch über entsprechende sprachliche Mittel, wie beispielsweise Semaphoren oder Tasks.

In folgender Abbildung ist dargestellt, wie einfach es mit PEARL ist, komplexere Anwendungen zu realisieren. Die beiden Produzententasks können nur in den Puffer schreiben, wenn der Ausgabetask die entsprechende Semaphore freigegeben hat. Andererseits kann der Ausgabetask auch nur etwas aus dem Puffer ausgeben, wenn zuvor von den Produzenten hineingeschrieben wurde.

Ein einführendes Beispiel der sprachlichen Mittel von PEARL :

PROBLEM;
DCL (In_den_Puffer,Aus_dem_Puffer) **SEMA**

Ausgabe: **TASK;**
        RELEASE In_den_Puffer;
        ACTIVATE Produzent_1;
        ACTIVATE Produzent_2;
        REPEAT
            REQUEST Aus_dem_Puffer;
              !Ausgabe auf den Protokolldrucker
            RELEASE In_den_Puffer;
        END;!Schleife
      END; !Ausgabe

Produzent_1: **TASK** ;
        REPEAT
            !Aufbereiten der Nachricht
            REQUEST In_den_Puffer;
              !Puffern
            RELEASE Aus_dem_Puffer;
        END; !Schleife
      END; !Produzent_1

Produzent_2: **TASK** ;
        REPEAT
            !Aufbereiten der Nachricht
            REQUEST In_den_Puffer;
              !Puffern
            RELEASE Aus_dem_Puffer;
        END; !Schleife
      END; !Produzent_2

Abb. 1. Einführungsbeispiel, entnommen aus [2]

2   Zielsetzung

In dieser Arbeit soll analysiert werden, ob eine Sprachabbildung der wichtigsten Laufzeitkonstrukte der Programmiersprache PEARL auf die Systemschnittstelle von Linux mittels der Programmiersprache C möglich ist.

Desweiteren können die Ergebnisse dieser Arbeit als Entscheidungsgrundlage dienen, ob es sinnvoll ist, einen Compiler für diesen Zweck zu entwickeln.

Zusätzlich wird aufgezeigt, welche Mindeststandards erfüllt sein müssen, falls die Sprachabbildung möglich ist. Generell wird unter drei Linux Systemschnittstellen unterschieden, auf denen die Machbarkeit analysiert wird:

– Linux mit Standardscheduling
– Linux mit preemptive priority scheduling
– Linux mit einem Echtzeitkernel (Xenomai[1])

Unter einem Linux mit Standardscheduling (Standard-Linux) wird in dieser Arbeit eine Linuxdistribution verstanden, wie sie direkt nach der Installation aus Benutzersicht ohne Modifikation ist. Dabei wird im Benutzermodus der „Completely Fair Scheduler" benutzt.

Linux mit preemptive priority scheduling bezeichnet hier ein Standard-Linux mit dem Unterschied, dass die Prozesse bzw. Threads nach einem Echtzeitverfahren (preemptive priority) dem Prozessor zugeteilt werden. Sie werden nicht nach dem Completely Fair Scheduling-Prinzip abgearbeitet. PEARL setzt im wesentlichen harte Echtzeit voraus. In dieser Arbeit liegt der Schwerpunkt allerdings auf dem Zweck der Lehre, daher wird hier nicht zwingend harte Echtzeit vorausgesetzt.

Die zu analysierenden Sprachkonstrukte sind:

– Scheduling
– Taskkonzept
– Zeitverhalten und zeitliche Steuerung von Tasks
– Semaphoren
– Interrupts

Andere Konstrukte werden hier nicht betrachtet.

3   Analyse

3.1   Scheduling

Da PEARL für harte Echtzeit konzipiert wurde, arbeitet der PEARL Scheduler entsprechend nach dem preemptiv priority-Prinzip. Dabei werden den einzelnen Tasks Prioritäten zugeordnet, nach denen sie abgearbeitet werden. Tasks mit niederer Priorität werden dabei von Tasks mit höherer Priorität unterbrochen, bis diese blockieren, sich schlafen legen oder abgearbeitet sind [2].

[1] http://www.xenomai.org

Das Linux mit Standardscheduling arbeitet nur mit dem „Completely Fair Scheduler". Dieser arbeitet nicht mit Prioritäten, sondern versucht, alle Prozesse möglichst gleich zu behandeln. Aus diesem Grund ist er nicht für Echtzeitanwendungen geeignet. Daher wird das Linux mit Standardscheduling in dieser Arbeit nicht weiter verfolgt [5].

Beim Linux mit preemptive priority scheduling (nachfolgend „Linux" genannt) besteht die Möglichkeit, Prozesse und Threads nach verschiedenen Echtzeitverfahren abzuarbeiten.

Speziell die Option „SCHED_FIFO" ist hier interessant, weil sie sehr gut auf das Verhalten des PEARL-Schedulers passt.

Beim Linux mit Echtzeiterweiterung (nachfolgend als „Xenomai" bezeichnet) besteht ebenfalls wie beim Linux die Möglichkeit, zwischen mehreren Echzeitverfahren zu wählen. Standardmäßig kann hier auch präemptives Prioritätsscheduling eingesetzt werden. Daher bereitet auch bei Xenomai die Sprachabbildung des Schedulings keine Probleme [3].

3.2 Taskkonzept

PEARL bietet sehr vielfältige Optionen um Tasks zu steuern. Sie können sich nach ihrer Erzeugung gegenseitig

- Starten mit Prioritätsangabe.
- Beenden.
- Anhalten/suspendieren.
- Fortsetzen (evtl. mit Prioritätsänderung).
- Verzögern.

Grundsätzlich bieten sich POSIX-Threads für die Abbildung des Taskkonzepts am ehesten an. Denn PEARL-Tasks können genau wie Threads auf alle Variablen innerhalb ihres Moduls zugreifen. Wollte man es auf Prozesse abbilden, müsste man zusätzlich eine Art der Interprozesskommunikation realisieren, was zusätzlichen Aufwand bedeuten würde [2,5].

Bei Xenomai hingegen bieten sich die Xenomai-Echtzeittasks an. Auch sie können untereinander über gemeinsame Variablen kommunizieren [3].

3.3 Semaphoren

PEARL bietet nur zählende Semaphoren. Binäre Semaphoren (Mutexe) werden einfach durch die Initialisierung auf 1 der zählenden Semaphore realisiert. Die in PEARL verfügbaren BOLT-Variablen wurden hier nicht untersucht [2]. Beim Linux bieten sich dafür drei Alternativen, benannte Semaphoren, unbenannte Semaphoren und binäre Semaphoren [5]. Da eine zählende Semaphore nicht auf eine binäre Semaphore abbildbar sein kann, wird diese nicht weiter untersucht. Von den beiden verbliebenen Varianten ist die unbenannte Semaphore die bessere Wahl. Sie wird beim Beenden des Prozesses vom System zerstört. Die Benannte dagegen wird erst durch einen expliziten Aufruf oder beim Herunterfahren des

Systems zerstört [5]. Da später die Threads, die PEARL-Tasks nachbilden, alle in einem Prozess laufen, genügt die Unbenannte voll und ganz. Sie unterstützt alle Funktionen, die die PEARL-Semaphore auch bietet.

Xenomai unterstützt ebenfalls Mutexe und zählende Semaphoren. Hier sind die zählenden Semaphoren interessant, denn auch sie bieten die benötigten Funktionen. Allerdings gibt es bei PEARL eine Spezialität. Ein PEARL-Task kann gleichzeitig auf mehrere Semaphoren warten. Er wird solange blockiert, bis alle Semaphoren, auf die er wartet, frei sind. Beim Linux funktioniert das auch, allerdings mit einer Einschränkung. Es können pro Semaphorenset maximal 32 Semaphoren gleichzeitig inkrementiert bzw. dekrementiert werden. Allerdings kann dies verändert werden durch eine Kernelvariable [5]. Bei Xenomai ist das schon ein erster Rückschlag. Das „Mehrfachwarten" kann hier nicht durch Xenomai-Funktionen realisiert werden. Man muss es selbst implementieren.

3.4   Zeitliche Steuerung von Tasks

Linux bietet bei weitem nicht so ausgefeilte Optionen zur Steuerung von Threads mit und ohne zeitliche Abhängigkeit. PEARL dagegen bietet außer den oben genannten Möglichkeiten zur Steuerung von Tasks auch viele zeitliche Steuerungsmöglichkeiten. Die Tasks können verzögert werden bis zu einem Zeitpunkt oder für eine Zeitdauer. Desweiteren können sie periodisch ausgeführt werden und optional kann als Endbedingung auch wieder ein Zeitpunkt oder eine Zeitdauer angegeben werden. Die Start-, Perioden- und Endbedingungen können beliebig miteinander verknüpft werden. Sie gelten allerdings nur für das Starten eines beendeten Tasks. Desweiteren können Tasks sich selbst für eine Zeitdauer oder bis zu einem Zeitpunkt suspendieren. Zu guter Letzt können Tasks auch andere suspendierte Tasks nach einer Zeitdauer oder zu einem Zeitpunkt aufwecken, gegebenenfalls mit einer anderen Priorität [2]. Weil Linux das schlichtweg nicht kann, muss hier nachgeholfen werden. Es bietet sich an, einen Thread einzuführen, der die Zeitsteuerung für alle anderen Threads übernimmt (nachfolgend als „Verwaltungsthread" bezeichnet). Als Timer können die POSIX-Timer verwendet werden. Sie bauen seit Kernelversion 2.6.16 [6] auf dem High-Resolution-Timer-Framework auf. Sie unterstützen Auflösungen bis zu einer Nanosekunde und periodische Ausführung.

Auch Xenomai bietet nicht alle Möglichkeiten, die benötigt werden, zur Realisierung der Sprachabbildung. Deshalb bietet sich auch hier oben erwähnter Verwaltungsthread (bzw. bei Xenomai Verwaltungstask) an.

3.5   Interrupts

PEARL unterstützt auch die Tasksteuerung in Abhängigkeit von Hardware- und Softwareinterrupts [2]. Moderne Betriebssysteme gestatten aber in der Regel keinen direkten Zugriff auf die Hardware-Interrupts (IRQ-Leitungen). Daher muss auch hier ein anderer Weg gegangen werden. Da für die Zeitsteuerung sowieso ein Verwaltungsthread eingeführt werden musste, kann dieser praktischerweise auch die Interruptsteuerung übernehmen. Er kann sich z.B. vom Kernel informieren lassen, falls auf einem der Gerätetreiber Daten vorhanden sind z.B. „SELECT"-Aufruf [5]. Sind Daten auf einer der gewünschten Schnittstellen vorhanden, kann er diese auslesen und entsprechende Aktionen einleiten.

Bei Xenomai bietet sich ebenfalls der Verwaltungstask an. Allerdings besteht hier die Option, auch eigene Echtzeittreiber zu implementieren. Allerdings ist das ein hoher Aufwand. Im Hinblick darauf, dass die „normalen" Linuxkernel ständig in ihrer Echtzeitfähigkeit verbessert wurden und in der Zukunft sicher noch werden, stellt sich die Frage, ob Xenomai in Zukunft überhaupt noch nötig sein wird. Daher ist es wahrscheinlich nicht empfehlenswert, für Xenomai extra einen anderen Weg zu gehen als beim Linux. Zumindest für Projekte wie dieses, bei denen es um den Lehrzweck geht.

3.6 Fazit

Das Linux mit Standardscheduling schied schon sehr früh aus, da es schon an der Abbildung des Taskkonzepts scheiterte.

Ein Teil der essentiellen PEARL Sprachkonstrukte (Scheduling, Semaphoren, Taskkonzept) lässt sich problemlos auf die Systemschnittstelle eines Linux mit preemptive priority scheduling und auf Xenomai abbilden. Die Task-, Interrupt- und Zeitsteuerung ist aber auf keines von beiden ohne Hilfsmittel direkt abbildbar. Deswegen entstand die Idee, einen Verwaltungsthread einzuführen, der die Verwaltung von Interrupt- und Zeitsteuerung zentral für die anderen Threads übernimmt. Für Xenomai bietet sich für die Zeitsteuerung zusätzlich die Möglichkeit, sie teilweise Xenomaispezifisch zu implementieren und teilweise in den Verwaltungsthread auszulagern. Zumindest müssen die Optionen, die Xenomai nicht direkt unterstützt, ausgelagert werden. Allerdings sind bei dieser Variante die Bedenken deutlich schwerer als der Nutzen, daher wurde auf diese Variante nicht weiter eingegangen. Konkret bedeutet das, dass sowohl die Interrupt- als auch die Zeitsteuerung bei beiden Systemen komplett auf einen Verwaltungsthread ausgelagert werden.

4 Design

Ein einziger Verwaltungsthread, wie im Analysekapitel eingeführt, wird für die komplette Interruptsteuerung nicht ausreichen. Er müsste auf allen Schnittstellen, für die Interrupts registriert werden, zyklisch nach Daten fragen, diese auswerten, gegebenenfalls entsprechende Aktionen einleiten und noch die Zeitsteuerung übernehmen. Das alles wäre sehr viel für einen Thread, was das ganze unstrukturiert und unübersichtlich machen würde.

Daher ist die Idee, für jede Schnittstelle, für die ein Interrupt registriert wird, statisch einen eigenen Thread zu erzeugen. Dieser holt die Daten von seiner ihm zugeordneten Schnittstelle ab und schreibt sie in eine Message Queue. Der Verwaltungsthread selbst braucht dann „nur" noch die Daten aus der Message Queue zu lesen und hat die Interrupts dann auch gleich in der Reihenfolge wie sie aufgetreten sind. Das Modell für Linux ist in Abb. 2 dargestellt.

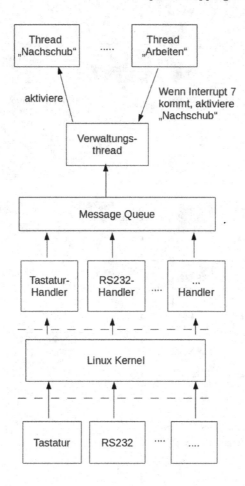

Abb. 2. Blockdiagramm Interrupt- und Zeitsteuerung Linux

Für Xenomai unterscheidet sich das Blockdiagramm in wenigen Punkten. Die Message Queue wird ersetzt durch eine Xenomai spezifische Real-Time Message Queue. Das ist nötig, denn die Handlerthreads laufen auf dem Linuxkernel, der Verwaltungs- und die Arbeitsthreads hingegen auf dem Xenomai Echtzeitkernel. Arbeitsthreads sind Threads, die aus den PEARL-Tasks erzeugt werden. Die Handlerthreads können nur über eine Real-Time Message Queue mit dem Verwaltungsthread kommunizieren. Außerdem garantiert diese, dass die Interrupts, die von den Handlern in die RT-Message Queue geschrieben werden, in chronologischer Reihenfolge beim Verwaltungsthread ankommen.

Das Verwaltungsthreadmodell für Xenomai ist in Abb. 3 dargestellt. Die Module, die auf den Echtzeitkernel verschoben wurden, sind grau hinterlegt.

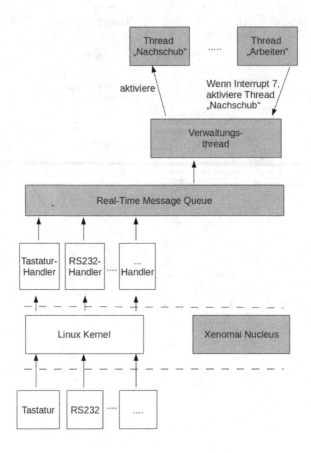

Abb. 3. Blockdiagramm Interrupt- und Zeitsteuerung Xenomai

5 Implementierung eines Testprogramms (Linux)

Um nun die Aussagen von Abschnitt 3 zu testen, wurde ein kleines Testprogramm für Linux entwickelt. Das Testsystem ist ein Hewlett Packard Modell dc5850 mit einem Ubuntu 10.04 als Betriebssystem. Die Kernelversion ist 2.6.32-38. Alle verwendeten Systemfunktionen sind bis auf wenige Ausnahmen nach dem POSIX-Standard.

Die Software führt im wesentlichen drei Tests durch. Getestet wird das Prioritätsscheduling anhand von vier Threads. Im Anschluss wird geprüft, ob die Semaphorwarteschlange nach Chronologie oder nach Prioritäten geordnet ist. Das ist wichtig zu wissen, da die Semaphorwarteschlange von PEARL strikt nach Prioritäten sortiert ist. Zu guter Letzt wird das Mehrfachwarten anhand des Philosophenproblems durchgeführt.

In der Initialisierungsphase wird die Anzahl der CPUs, die den Prozess bearbeiten dürfen, auf 1 gesetzt. Damit wird erreicht, dass die Threads strikt nacheinander in einen Puffer schreiben. Jeder der Threads schreibt seine Kennung (0 bis 3) jeweils zehn mal in den Puffer. Dieser wird nach den Schreibvorgängen mit einem Referenzarray abgeglichen. Wenn das Prioritätsscheduling funktioniert, stimmt die Reihenfolge des Puffers und des Referenzarrays überein. Damit gilt der erste Test als bestanden. Der zweite Test ist eine Erweiterung des Ersten. Hier sind die Schreibvorgänge mit einer Semaphore abgesichert. Diese Semaphore ist die ersten 20 Sekunden gesperrt. Sie wird erst dann von einem niederprioren Thread freigegeben. Damit sollen die vier schreibenden Threads genug Zeit haben, sich in die Semaphorwarteschlange einzureihen. Nach der Semaphorfreigabe ist der restliche Ablauf gleich dem des ersten Tests. Die letzte Prüfung ist dagegen nicht ganz so einfach. Anhand des Philosophenproblems wird hier das Warten auf mehrere Semaphoren implementiert. Dabei nimmt jeder Philosoph immer zwei Gabeln (Semaphoren). Daher dürfte es sich nie verklemmen. Um allerdings zu testen, dass sich der Test nie verklemmt, müsste er bis in alle Ewigkeit laufen. Deshalb muss diese Prüfung nach Sicht beurteilt werden. Es obliegt der Verantwortung des Nutzers, wann er die Software abbricht.

Die Testsoftware soll es erleichtern, sich einen Überblick über die Gegebenheiten eines Systems zu verschaffen. Anhand der Ergebnisse kann entschieden werden, ob es sich lohnt, sich intensiver mit einem System zu beschäftigen.

6 Implementierung einer Zeitsteuerung (Linux)

6.1 Grundlegende Tasksteuerung

Um zu testen, ob eine Zeitsteuerung nach dem vorgestellten Design funktionieren kann, wurde diese implementiert. Im ersten Teil wurden die generellen Tasksteuerungsoptionen ohne Zeitsteuerung gebaut, d.h. Threads anhalten, fortsetzen, aktivieren und abbrechen. Aktivieren entspricht einem Aufruf von „pthread_create(..)" und abbrechen einem „pthread_cancel(..)". Für das Anhalten und Fortsetzen hingegen musste getrickst werden. Jeder der Threads besteht aus einer Struktur mit verschiedenen Attributen, eines davon ist ein Mutex. Dieser wird bei der Initialisierung belegt. Zusätzlich bekommt er einen Signalhandler registriert für das Signal „SIGUSR1". Will ein anderer Thread ihn nun suspendieren, schickt er ihm einfach das Signal. Damit springt er in seinen Signalhandler, wo er versucht, seinen Mutex nochmals zu belegen und somit blockiert. Soll der blockierte Thread fortgesetzt werden, wird einfach sein Mutex einmal freigegeben.

6.2 Zeitsteuerung

Für die Zeitsteuerung mussten die Threadstrukturen um ein paar Attribute erweitert werden. Es kamen drei Einplanungsstrukturen pro Thread hinzu, jeweils für aktivieren, pausieren und verzögertes fortsetzen. Jedes dieser Einplanungsmodule enthält die nötigen Strukturen für Zeiten und Dauern (Start, Periode

und Ende) und einen entsprechenden POSIX-Timer. Die Funktionen für zeitbe-
dingtes pausieren und verzögertes warten sind schnell zu implementieren, da sie
nur Startbedingungen haben. Das bedeutet, dass nach einmaligem Auslösen des
Timers die entsprechende Funktion der generellen Tasksteuerung aufgerufen und
der Timer rückgesetzt wird. Die Timer selbst lösen bei Ablauf das Signal „SIG-
RTMIN+1", „SIGRTMIN+2" oder „SIGRTMIN+3" aus, je nach Art des Timers.
Diese drei Signale werden nur vom Verwaltungsthread empfangen, welcher dann
in den entsprechenden Signalhandler wechselt und die weitere Bearbeitung übernimmt. Bei den Aktivierungstimern ist die Behandlung am kompliziertesten, falls
eine Perioden- und Endbedingung gesetzt wurde. Hier muss dann entsprechend
die Systemzeit ausgelesen und anhand einer Berechnung festgestellt werden, ob
die Endbedingung erreicht ist oder nicht. Anhand dessen wird dann entschieden,
ob der Task aktiviert oder der Timer deaktiviert wird.

7 Fazit

Die Mindestvoraussetzung für eine Sprachabbildung von PEARL auf die Linux
Systemschnittstelle ist ein Linux mit preemptive priority scheduling. Alles bis
auf die Zeit- und Interruptsteuerung ließ sich problemlos abbilden. Die Zeitsteuerung kann aber selbst nachgebildet werden. Leider reichte die Zeit nicht aus, um
die Interruptsteuerung ebenfalls nachzubilden. Allerdings ist anhand des Designs
zu erwarten, dass dies ebenfalls keine unlösbaren Probleme verursacht. Um harte
Echtzeit zu erreichen kommt die Abbildung auf Xenomai ebenfalls in Betracht.
Jedoch stellt sich dabei die Frage, ob es im Hinblick auf Aufwand und Nut-
zenverhältnis sinnvoll ist. Vor allem vor dem Hintergrund der stetig steigenden
Echtzeitfähigkeit des Linuxkernels.

Literaturverzeichnis

1. http://www.irt.uni-hannover.de/pearl/pearlein.html, Zugriff 14.03.2012
2. PEARL 90 Sprachreport, Version 2.0, Januar 1995
3. http://www.xenomai.org/documentation/trunk/html/api/,Zugriff 18.4.2012
4. Artikel: hrtimer: Hochauflösende Timer in Linux von Andreas Klingler
   http://www.elektronikpraxis.vogel.de/themen/embeddedsoftwareengineering/
   implementierung/articles/264868/, Zugriff 30.5.2012
5. Linux Manual Pages
6. http://kernelnewbies.org/Linux_2_6_16, Stand 23.3.2012

Web-gestützte Programmierumgebung für PEARL

Lars Herzfeld

Lehrstuhl für Informationstechnik
FernUniversität in Hagen, 58084 Hagen
LarsHerzfeld@moremodding.de

Zusammenfassung. Die Echtzeitprogrammiersprache PEARL wird wegen ihrer leichten Erlernbarkeit und ihrer klaren Struktur vielfach in der Lehre eingesetzt. Zur weiteren Verbreitung von PEARL wurde eine web-gestützte Programmierumgebung entwickelt. Für deren Realisierung wurden der PEARL90-Compiler bzw. der PE-Compiler und Minicom auf einem Linux-Server mit den Programmiersprachen PHP, HTML sowie der Shellskript- und Runscript-Programmierung in Verbindung gebracht. Mit der Programmierumgebung ist es möglich, in einem Browser PEARL-Programme zu entwickeln, zu kompilieren und auf einem an den Server angeschlossenen Einplatinenrechner (RTTB) auszuführen.

1 Einleitung

Im Bereich der Programmierung gibt es Entwicklungsumgebungen für nahezu jeden Anwendungsfall. Ein einfaches Beispiel einer Entwicklungsumgebung ist der „Homepage-Baukasten", den verschiedene Webhoster ihren Kunden zur schnellen und einfachen Erstellung von Internet-Seiten anbieten. Hier können mit wenigen Klicks komplette Internet-Seiten erstellt und veröffentlicht werden. Wer sich intensiver mit der Programmierung von Anwendungen beschäftigt, wird auf Programme wie Dreamweaver oder VisualStudio zurückgreifen. Dies sind Entwicklungsumgebungen, in denen der Programmcode in der jeweiligen Programmiersprache eingegeben wird. Die Umgebung bietet dabei Unterstützung zur Einhaltung der richtigen Syntax, zum Kompilieren und zur Fertigstellung kompletter Programme, um hier nur einige Möglichkeiten wiederzugeben.

Echtzeitanwendungen werden heute häufig auf einem handelsüblichen *Personal Computer* (PC) in einer höheren Programmiersprache entwickelt, kompiliert und getestet. Hierfür gibt es eine Vielzahl von Entwicklungsumgebungen, die diese Anwendungsentwicklung unterstützen. Sobald die Applikation alle an sie gestellten Anforderungen erfüllt, wird sie in das entsprechende Echtzeitbetriebssystem implementiert und dort getestet.

Für die Echtzeitprogrammiersprache PEARL (*Process and Experiment Automation Real-time Language*) gibt es keine Entwicklungsumgebung dieser Art. Entwickler von PEARL-Programmen benötigen somit immer zusätzliche Hardware, auf der Anwendungen implementiert und getestet werden können. Dies mag mit ein Grund dafür sein, dass die Verwendung von PEARL in der Echt-zeitentwicklung rückläufig ist.

Unter anderem speziell für die Ausführung von PEARL-Anwendungen wurde seit 1985 das *Real-Time Operating System der Universität Hannover* (RTOS-UH) am dortigen Institut für Regelungstechnik entwickelt, wo es seither gepflegt wird [2]. PEARL-Applikationen können sowohl in einem Texteditor auf einem PC als auch auf der Zielplattform entwickelt werden. RTOS-UH bietet hierfür den Editor RTOS-Word, der komfortables Editieren einer sehr hohen Anzahl beliebig großer Texte ermöglicht [1]. Als Beispiel für eine geeignete Zielplattform sei das hier verwendete *Real Time Training Board* (RTTB) des Ingenieurbüros für Echtzeitentwicklung (IEP) aus Hannover genannt.

Der administrative Aufwand zum praktischen Einsatz von PEARL in der Lehre ist hoch, da die Ausbildung entweder in Form eines Praktikums durchge-führt oder aber den Studierenden entsprechende Hardware zur Verfügung stehen muss.

Die Zielstellung dieser Arbeit ist, eine web-gestützte Programmierumgebung zu entwickeln, die Studierenden dazu dienen soll, erste Erfahrungen im Umgang mit der Programmiersprache PEARL zu sammeln. Die entwickelten Programme sollen auf eine Hardware-Plattform übertragen werden können. Bei komplexeren Aufgabenstellungen, wie z.B. die Ansteuerung eines Roboters oder einer Am-pelschaltung, soll das Ergebnis zu einem späteren Zeitpunkt über eine Webcam beobachtet werden können.

2   Material und Methoden

Die Realisierung dieser web-gestützten Programmierumgebung basiert auf allge-mein bekannten und etablierten Materialien und Methoden. Ihrem Namen ent-sprechend wird die Programmierumgebung über das Internet nach dem Prinzip des *Client-Server-Modells* zur Verfügung gestellt. Ein *Client* sendet eine HTTP-Anfrage (*Hypertext Transfer Protocol*) an einen Server. Dieser bearbeitet die Anfrage und sendet die Antwort in Form von HTML-Daten (*Hyper Text Mar-kup Language*) zurück an den *Client*.

Alle notwendigen Daten werden auf einem Linux-Server bereitgestellt, wel-cher zum Kompilieren und Binden den PEARL90-Linux-Compiler der Firma Werum verwendet. Neben dem Betriebssystem sind ein Apache Webserver und ein MySQL-Datenbank-Server installiert, die den PC über das Internet erreich-bar machen.

Als weitere Hardware kommt das RTTB zum Einsatz, das an den Server über USB angeschlossen wird (Abb. 1). Ein Benutzer der Entwicklungsumge-bung (*Client*) sendet erstellten Programmcode an den Server, der daraus ein lauffähiges PEARL-Programm erzeugt und die Applikation an das angeschlos-sene RTTB sendet. Nach Abschluss der Übertragung startet das RTTB die Ap-plikation und schickt das Ergebnis/die Antwort an den Server, der diese Daten verarbeitet und an den *Client* ausgibt.

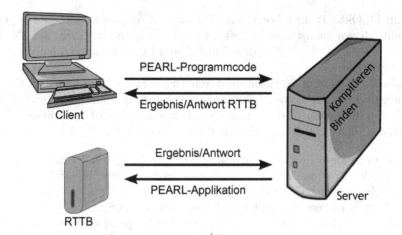

Abb. 1. *Client-Server*-RTTB Aufbau für die Programmierumgebung

Für die Installation der zum Betrieb des RTTB notwendigen Software wird ein PC mit Windows-Betriebssystem benötigt. Die Kommunikation zwischen PC und RTTB kann über USB oder den Netzanschluss erfolgen und mittels RTerm32, einer speziell für das RTTB angepassten und mitgelieferten Version des Terminalprogramms RTerm, durchgeführt. Als Echtzeitbetriebssystem des RTTB kommt RTOS-UH zum Einsatz. Es sind Compiler für die Programmentwicklung mit CoDeSys, C und PEARL vorhanden.

In der hier beschriebenen Verwendung des RTTB wird auf die mitgelieferte Software für die Kommunikation des RTTB mit dem Server verzichtet. Stattdessen findet der Datenaustausch über Minicom statt. Bei Minicom [7] handelt es sich um eine textbasierte Terminalemulation für Modem- und serielle Kommunikation unter Linux. Die Software wurde von Miquel van Smoorenburg entwickelt. Sie gilt als eines der wichtigsten Programme zur Terminalemulation auf Linux-Systemen und ist Bestandteil der meisten Distributionen.

Die die Daten zur Verfügung stellende Web-Seite wurde mit den im Internet üblichen Programmiersprachen *Cascading Style Sheets* (CSS), *Hyper Text Markup Language* (HTML) und *Hypertext Preprozessor* (PHP) programmiert. Mit CSS werden Container definiert, in denen die Daten angezeigt werden. Dies dient der barrierefreien Programmierung im Internet. Mit HTML werden die Daten für ihre jeweilige Verwendung strukturiert, um sie in einem Webbrowser darzustellen. PHP dient der Programmierung dynamischer Web-Seiten, wodurch es möglich ist, durch Auswertung des Action-Tags verschiedene Befehlsroutinen abarbeiten zu lassen. Über PHP ist es zudem möglich, auf dem Server vorhandene Shell-Skripte mit dem Befehl shell_exec($Shellskript) aufzurufen und auszuführen.

Wie bereits zu Anfang dieses Abschnitts erwähnt, sollten die auf der vorgestellten Plattform entwickelten Programme mit dem PEARL90-Compiler der Firma Werum zur Ausführung auf dem RTTB kompiliert und gebunden werden.

Bis zum 13. Oktober 2009 bot Werum für diesen Compiler kostenlosen Support an, stellte diesen Dienst aber ein. Es ist jedoch weiterhin möglich, den Compiler vom FTP-Server (*File Transfer-Protocol*) der Firma herunterzuladen und zu verwenden [9].

Zwischen 1999 und 2006 wurde durch Dr. Torsten Lilge vom Institut für Regelungstechnik der Universität Hannover das Programm PE entwickelt [6]. Da mit ihm die gewünschten Ergebnisse erzielt wurden, wird es in dieser Arbeit anstelle des PEARL90-Compilers von Werum eingesetzt:

> „Das Programm dient der komfortablen Erstellung von PEARL- oder Assembler-Programmen für das Echtzeitbetriebssystem RTOS-UH, insbesondere bei der Cross-Entwicklung. Anstelle des Compilers oder Assemblers wird vom Anwender das Programm PE aufgerufen. Dieses generiert mit Hilfe verschiedener Kommandozeilenparameter und Umgebungsvariablen den Aufruf des PEARL-Compilers oder des Assemblers. Sollten bei der Kompilation Fehler auftreten, so werden die Fehlermeldungen aus dem erzeugten Listing in ein benutzerdefiniertes, einzeiliges Format umgewandelt und auf StdOut oder in einer Datei ausgegeben. Die Ausgaben des aufgerufenen Programms werden dabei je nach Kommandozeilenparameter unterdrückt" [6].

PE kann auf Windows-Systemen, Linux-Systemen und unter RTOS-UH verwendet werden, so dass der Wechsel auf dieses Programm nur zu leichten Änderungen an der Programmierung der Entwicklungsumgebung führt. Während der Installation von PE wird die Datei pe.cfg erzeugt. Die einzustellenden Parameter werden dabei abgefragt. Der Eintrag für den zu verwendenden Compiler in der ersten Zeile von pe.cfg ist dabei optional und hat nur Einfluss auf die Kommandozeilenparameter für den Aufruf des Compilers. Für die Cross-Entwicklung lautet der Eintrag CVCP mit der entsprechenden Pfadangabe. Parallel dazu kann der PEARL90-Compiler eingetragen werden. Bei CVCP handelt es sich um den virtuellen Code-Prozessor (VCP), auf dem die RTOS-Compiler laufen. Für die freie Version von PE stehen PEARL90-Compiler für PowerPC- und für Motorola 68XXX-Zielsysteme zur Verfügung. Das RTTB verwendet einen PowerPC-Mikroprozessor. Die Angabe des gewünschten Fehlerformats muss im Gegensatz zum Compiler in die zweite Zeile von pe.cfg eingetragen werden. Tabelle 1 zeigt eine Übersicht der möglichen Formate.

Tabelle 1. Formate der Fehlermeldungen in PE

#fname#	Name der Datei, in der der Fehler aufgetreten ist
#line#	Zeilennummer des Fehlers
#column#	Spaltennummer des Fehlers
#error#	Fehlerbeschreibung (z.B. *undefined*)
#code#	Quelltextzeile, in der der Fehler aufgetreten ist

3   Die web-gestützte Programmierumgebung

Mit der Erstellung dieser Programmierumgebung wird das Ziel verfolgt, Studierenden und anderweitig an PEARL interessierten Personen die Möglichkeit zu geben, ohne Beschaffung von Hard- und Software Programme in PEARL zu entwickeln. Hieraus ergeben sich folgende Anforderungen, die durch das System erfüllt werden müssen, damit es einwandfrei arbeiten kann:

- Zugriffsbeschränkung,
- Hochladen eigener, vorhandener PEARL-Programmen,
- Eingeben/Ändern des Programmcodes direkt in der Programmierumgebung,
- Kompilieren mit den zur Verfügung stehenden Kompilieroptionen,
- Ausgabe von Zustandsmeldungen nach dem Kompilieren,
- *Download* des fertigen Programms und
- Möglichkeit zum Programmtest.

Die Zugriffsbeschränkung ist notwendig, da die Infrastruktur der Programmierumgebung nur für den Betrieb mit einem einzigen Benutzer zu einer Zeit ausgelegt ist. Griffen zwei Benutzer zeitgleich auf das System zu, behinderten sie sich gegenseitig. Beispielsweise würde das jeweilige PEARL-Programm des anderen Benutzers beim Speichern überschrieben oder Fehlermeldungen beim Kompilieren erzeugen.

Ruft ein Studierender die Programmierumgebung über seinen Webbrowser auf, gelangt er daher entweder auf eine Login-Seite oder erhält den Hinweis, dass die Entwicklungsumgebung derzeit benutzt wird und er es zu einem späteren Zeitpunkt erneut versuchen soll. Meldet sich ein Benutzer auf der Seite an, so wird einerseits auf dessen eigenem PC eine SESSION-Variable gespeichert und andererseits in der MySQL-Datenbank der Wert für die Überprüfung auf Nutzung in „Ja" geändert, so dass die Umgebung für die weitere Nutzung gesperrt wird.

Nach erfolgreicher Anmeldung gelangt der Nutzer auf die in Abb. 2 gezeigte Seite, und er kann mit der Entwicklung seiner PEARL-Programme beginnen. Nach Ablauf von zehn Minuten, in denen auf der Seite keine Aktionen ausgeführt wurden, wird der Anwender automatisch vom System abgemeldet. Alle bis dahin gemachten Eingaben und das erstellte Programm werden dabei gelöscht.

Im linken Bereich dieser Seite werden alle Funktionen abgebildet, die für Entwicklung und Test eines PEARL-Programms benötigt werden. Hier hat der Anwender zuerst die Möglichkeit, ein lokal auf seinem PC vorhandenes PEARL-Programm in den Editor hochzuladen. Alternativ kann er den Programmcode direkt in den Editor eingeben.

Unter dem Eingabebereich sind die Funktionsknöpfe angeordnet, mit denen das PEARL-Programm weiter verarbeitet werden kann. Hierzu zählt auch die Kommunikation des Servers mit dem angeschlossenen RTTB. Jede Betätigung eines Funktionsknopfes setzt die TIMER-Variable zurück und der Anwender hat wieder 10 Minuten Zeit, bevor er automatisch vom System abgemeldet wird.

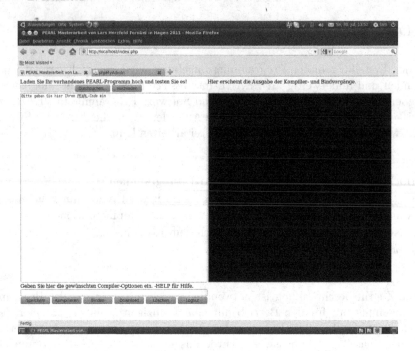

Abb. 2. Eingabebereich der Programmierumgebung

Bei Eingabe oder Änderung des Programmcodes im Editor sollte bei Denkpausen der „Speicher-Knopf" betätigt werden, um den Verlust des Programms bei automatischer Abmeldung zu verhindern.

Über den „Download-Knopf" wird der Anwender auf eine Download-Seite geleitet, wo die Möglichkeit geboten wird, eigenen Programmcode und die durch den Kompilier- und Bindevorgang erzeugten Dateien lokal auf dem Anwender-PC zur späteren Verwendung abzulegen.

Der „Lösch-Knopf" bietet dem Anwender die Möglichkeit, alle bis zu diesem Zeitpunkt gemachten Eingaben und erzeugten Dateien zu löschen. Somit erhält er wieder eine komplett leere Entwicklungsumgebung, so wie er sie nach erfolgreichem Login hatte.

Mit dem „Logout-Knopf" meldet sich der Anwender aus der Programmierumgebung ab und gibt sie für einen anderen Benutzer frei. Hierbei wird die eingangs gesetzte lokale SESSION-Variable gelöscht und der entsprechende Datenbankwert wieder auf „Nein" gesetzt.

Bei den Programmen, die mittels der vier vorgestellten Funktionsknöpfe aufgerufen werden, handelt es sich um einfach zu realisierende PHP-Befehlsroutinen. Nach dem Betätigen eines Funktionsknopfes springt PHP zur entsprechend hinterlegten Befehlsroutine und arbeitet sie ab.

Nach dem Betätigen des Kompilieren-Knopfes wird innerhalb der PHP-Befehlsroutine das Shell-Skript compile.sh aufgerufen, innerhalb dessen wiederum das Programm PE mit dem Befehl „/.pe -si=PROGRAMM.pq -lo=no pd_ppc.vbi

-sz=10000 -lif -e0" aufgerufen wird. Bei der Datei PROGRAMM.pq handelt es sich um die zu übersetzende Quelltextdatei. Bei diesem Vorgang werden folgende· vier Dateien erzeugt:

1. PROGRAMM.lif
2. PROGRAMM.dep
3. PROGRAMM.lst und
4. PROGRAMM.sr

Mit der Datei PROGRAMM.lif wird bei einem neuerlichen Aufruf des Compilers mit dem Parameter „-lif" die Notwendigkeit des Compiler-Aufrufs geprüft. In der Datei PROGRAMM.dep werden die Abhängigkeiten der Quelldatei zu den Include-Dateien im Makefile gespeichert. Bei PROGRAMM.lst handelt es sich um die Listdatei. PE benötigt immer ein vollständiges Listing, um auch den Namen der Include-Datei, in der ein Fehler auftrat, korrekt ermitteln zu können. Somit wird, auch wenn -lo=no als Parameter angegeben ist, immer eine Liste erzeugt (ohne weiteren lo-Parameter in der Datei PROGRAMM.sr relativ zum aktuellen Arbeitsverzeichnis oder der Umgebungsvariablen PE_LIST). Die Angabe von -lo=no bewirkt dann lediglich, dass die erzeugte Listdatei wieder gelöscht wird. Bei PROGRAMM.sr handelt es sich um die S-Record-Datei, die auf das Zielsystem übertragen und dort ausgeführt wird. Am Ende des Compiler-Durchlaufs gibt PE standardmäßig die einzeiligen Fehlerbeschreibungen und die Schlusszeile des Compilers oder Assemblers nach StdOut aus [6]. Diese werden in der Entwicklungsumgebung angezeigt.

Übertragen und Ausführen einer Applikation auf das RTTB erfolgen mit Minicom, das zur fehlerfreien Kommunikation zwischen dem Linux-Server und RTTB konfiguriert werden muss. In den Minicom-Einstellungen müssen die USB-Schnittstelle, an der das RTTB angeschlossen ist (meistens /dev/ttyUSB0), angegeben und die Übertragungsparameter angepasst werden. Das RTTB arbeitet mit einer Rate von 57600 kBd, acht Datenbits, einem Stopbit und ohne Parität. Diese Werte können dem RTTB-Handbuch der Firma IEP entnommen werden [5].

Um in Minicom Aufgaben automatisiert abzuarbeiten, gibt es die Runscript-Programmierung. Diese erleichtert dem Programmierer die Arbeit insofern, dass Befehle, die immer in der gleichen Abfolge bearbeitet werden müssen, automatisch über ein Skript abgearbeitet werden können und nicht immer neu eingegeben zu werden brauchen. Da es sich bei diesen Skripten oftmals um Login-Skripte handelt, bietet Minicom die Möglichkeit, ein Runscript bereits beim Starten aufzurufen und auszuführen.

Diese Eigenschaft wird ausgenutzt, um die fertigen PEARL-Programme auf das RTTB zu übertragen und zu starten. Durch Auswahl des „Programm-Ausführen-Knopfes" wird über die PHP-Befehlsroutine ein Shell-Skript aufgerufen, das seinerseits Minicom startet und ein entsprechendes Runscript ausführt. Dieses überträgt die S-Record-Datei auf das RTTB und startet sie dort. Das RTTB arbeitet die *TASK* ab und liefert das Ergebnis bzw. die Ereignismeldungen an den Server. Dieser verarbeitet die Daten und sendet sie an den *Client*, so dass der Benutzer der Entwicklungsumgebung sie sehen kann.

4   Zusammenfassung und Ausblick

Mit der vorgestellten Arbeit ist es gelungen, eine solide Ausgangsbasis zu schaffen, um die Verwendung von PEARL in der Lehre weiter zu stärken. Es ist ohne großen administrativen Aufwand möglich, Studierende verschiedene Aufgabenstellungen in Form eines Praktikums bearbeiten zu lassen. Weiterhin sind die Studierenden nicht gezwungen, hierfür spezielle Software zu installieren und zu nutzen. Im Moment können nur einfache Aufgaben bearbeitet werden, die als Antwort vom RTTB eine Textmeldung erzeugen.

Um im Rahmen der Praktikumsaufgaben nicht nur Aufgaben bearbeiten zu können, die Textmeldungen als Antwort erzeugen, müssen noch verschiedene Aufgabenstellungen mit gewünschten Reaktionen entwickelt sowie der Anschluss verschiedener Prozessmodelle an das RTTB getestet werden. Eventuell ist es möglich, ein komplexeres Modell zu entwickeln bzw. zu verwenden, mit dem verschiedene Aufgabenstellungen bearbeitet werden können. Damit Studierende im Rahmen ihres Praktikums die Ergebnisse ihrer Aufgabe sehen können, muss außerdem noch eine Webcam in die Entwicklungsumgebung integriert werden.

Auf dem RTTB ist bereits ein HTTP-Server implementiert. Es sollte somit untersucht werden, ob der Zwischenschritt des Kompilierens auf dem Server sowie die Kommunikation über den Server mit dem RTTB auf das RTTB ausgelagert werden kann. Dazu ist zu prüfen, ob der HTTP-Server diese Aufgaben übernehmen kann und die Entwicklungsumgebung noch alle an sie gestellten Anforderungen erfüllt. Sollte dieses der Fall sein, dann könnte das RTTB direkt in das Netz der FernUniversität in Hagen eingebunden werden. Dadurch würden mögliche Fehlerquellen verringert, was wiederum Auswirkungen auf die möglichen auftretenden Fehlerhäufigkeiten hätte. Denn je weniger Hardware vorhanden ist, die ausfallen kann, umso höher ist die Verfügbarkeit des Gesamtsystems.

Literaturverzeichnis

1. Gerth, W.: *RTOS-UH Anwenderhandbuch* http://www.irt.uni-hannover.de/rtos/pub/HANDBUCH/Aktuell/rtosh.pdf
2. Gerth, W.: *RTOS-UH* http://www.irt.uni-hannover.de/rtos/index.html
3. Hilmer, M. und Niemann, K.-H.: *Eine Plattform für die studentische Ausbildung im Echtzeit- und Feldbusbereich*, in *Aktuelle Anwendungen in Technik und Wirtschaft*, Halang, W.A. und Holleczek, P. (Hrsg.), S. 31 – 40, Reihe Informatik Aktuell, Berlin-Heidelberg: Springer-Verlag 2009
4. IEP GmbH: RTTB-Wiki http://rttb.iep.de/index.php5?title=Hauptseite
5. IEP GmbH: *RTTB-Handbuch Version 16.09.2008*, http://rttb.iep.de/downloads/RTTB_Handbuch.pdf
6. Lilge, T.: *Programmentwicklung für RTOS-UH mit PE*, http://www.irt.uni-hannover.de/rtos/freeware/pedoc.html
7. Minicom-Wiki: http://de.wikipedia.org/wiki/Minicom
8. Werum Software & Systems AG: *PEARL90 für UNIX-Systeme Benutzerhandbuch*, ftp://ftp.werum.de/pearl90/doc/p90handbuch.txt.gz
9. Werum Software & Systems AG: ftp://ftp.werum.de/pearl90/readme.txt

Optimierung der Code-Generierung virtualisierender Ausführungsumgebungen zur Erzielung deterministischer Ausführungszeiten

Martin Däumler und Matthias Werner

Fakultät für Informatik
Technische Universität Chemnitz, 09107 Chemnitz
{mdae|mwerner}@cs.tu-chemnitz.de

Zusammenfassung. Bei der Entwicklung von Anwendungen für Echtzeitsysteme werden höhere Programmiersprachen zunehmend attraktiv, besonders wenn Anwendungen in plattformunabhängigem Zwischencode verteilt werden können. Um einen Einsatz in Echtzeitsystemen zu ermöglichen, müssen die diesen Sprachen unterliegenden Laufzeitumgebungen eine zeitlich deterministische Ausführung garantieren. Dieser Beitrag stellt die technischen und wissenschaftlichen Herausforderungen bei der Generierung nativen Codes aus Zwischencode in einer virtualisierenden Ausführungsumgebung vor, die sich durch den Einsatz eines Just-in-Time-Compilers ergeben. Der Ansatz geht über eine Vor-Compilierung des Zwischencodes hinaus und eliminiert unaufgelöste Referenzen im nativen Code. Die Wirksamkeit wird anhand mehrerer Experimente mit einer modifizierten CLI-Laufzeitumgebung Mono demonstriert. Dabei werden in erster Linie die Vorhersagbarkeit der Ausführungszeiten und die Startzeit einer Anwendung betrachtet.

1 Einleitung

1.1 Motivation

Moderne Mehrzweckprogrammiersprachen wie Java [11] oder C# [6], das auf der Common Language Infrastructure (CLI [7]) aufsetzt, bieten objektorientierte Programmierung, Typensicherheit, dynamisches Laden von Klassen, Ausnahme-Behandlung und Events. Diese Fähigkeiten und die Möglichkeit, etablierte Programmierumgebungen zu nutzen, macht sie auch für die Entwicklung von Anwendungen mit harten Echtzeitanforderungen attraktiv. So können sie auch in der Automatisierungstechnik die Erstellung von Applikationen mit individuellen Anforderungen erleichtern [4].

1.2 Problemstellung

Der Quellcode der oben genannten Sprachen wird typischerweise in einen plattformunabhängigen Zwischencode übersetzt, der durch eine virtualisierende Laufzeitumgebung (Virtuelle Maschine, VM) ausgeführt wird. Die VM bildet dazu den Zwischencode der Anwendung auf nativen Code ab. Das geschieht häufig durch einen Just-in-Time-Compiler (JIT-Compiler). Hält der JIT-Compiler die Generierung des nativen Codes einer Methode bis zum ersten Aufruf der Methode zurück, bezeichnet man diese Optimierung in Zeit und Raum [3, S. 1] als „lazy compilation". Das kann zu starken Schwankungen der Ausführungszeit (Jitter) zwischen erster und wiederholter Ausführung eines Stück Codes führen und steht im Widerspruch zu harten Echtzeitanforderungen.

In einer vorangegangenen Arbeit zur Entwicklung einer echtzeitfähigen CLI-Laufzeitumgebung [20], basierend auf der freien CLI-Implementierung *Mono* [24], wurden die Auswirkungen der JIT-Compilierung auf die Ausführungszeiten demonstriert. Es wurde mit der „Prä-JIT-Compilierung" (PJC[1]) eine Lösung zur Beseitigung des Jitters, der direkt durch den JIT-Compiler verursacht wird, vorgestellt. Monos JIT-Compiler arbeitet nach dem *lazy compilation*-Prinzip. Der erzeugte native Code kann daher keine direkten Referenzen auf noch nicht JIT-compilierten Code enthalten. Die Auflösung dieser Referenzen und die Korrektur des nativen Codes zur Laufzeit [20, S. 3 ff] kann ebenfalls Jitter verursachen, der in Echtzeitsystemen nicht toleriert werden kann.

Der Beitrag dieser Veröffentlichung ist ein Lösungskonzept, das auf der in [20] vorgestellten PJC aufbaut. Dabei wird die Generierung des nativen Codes aus Zwischencode erweitert, so dass unaufgelöste Referenzen eliminiert werden. So wird Jitter, der durch die Ausführung VM-interner Funktionen verursacht werden kann, vermieden. Andere Quellen zeitlichen Nichtdeterminismus während des VM-Betriebs, insbesondere die automatische Speicherverwaltung, Threading inklusive Synchronisation, Ablaufplanung, Priorisierung und Compiler-Optimierungen werden hier, ebenso wie die Ermittlung der oberen Grenze für Ausführungszeiten, nicht betrachtet.

1.3   Rahmenbedingungen

Die echtzeitfähige Generierung nativen Codes in VMs ist eine generische Problemstellung. Somit sind hier nicht alle konkreten Festlegungen aus [20] bindend. Eine Lösung ist nicht auf CLI-VMs, eine bestimmte Hardware-Architektur, z.B. maschinengestützte Ausführung des Zwischencodes, und konkrete zeitliche Anforderungen der Ausführungszeiten beschränkt. Bei der Entwicklung der echtzeitfähigen CLI-Laufzeitumgebung zur Steuerung einer Hochleistungs-SPS und bei der Untersuchung bisheriger Lösungen kristallisierten sich folgende Anforderungen an eine Echtzeit-VM heraus, um eine flexible Einsatzmöglichkeit zu gewährleisten:

A.1 Sehr hoher zeitlicher Determinismus der Programmausführung. Diese Anforderung betrifft insbesondere die Allokation des nativen Codes des auszuführenden Programms.

A.2 Parallele Nutzung von Echtzeit- und Nicht-Echtzeitcode.

---

[1] Der potentiell aufrufbare CLI-Code wird statisch ermittelt, mithilfe Monos JIT-Compilers übersetzt und im Speicher abgelegt.

A.3 Nutzung von Alt-Code („Legacy Code") oder externen Programmierbibliotheken.

Anforderung A.1 besagt, dass die Ausführung einer Anwendung frei von Unterbrechungen durch die VM bleiben muss, die der Generierung oder der Korrektur nativen Codes dienen. Nach Anforderung A.2 sollen Bestandteile der Programmiersprache wie Ausnahme-Behandlung, Vererbung und Interfaces weiterhin nutzbar bleiben. Weitere Merkmale wie dynamisches Laden von Klassen, Events und Delegaten sollen verwendet werden können, wenn die Anwendung in bestimmten Phasen ihrer Ausführung keine Echtzeitanforderungen erfüllen muss. Die letzte Anforderung A.3 zielt in mehrfacher Hinsicht auf die einfache Handhabbarkeit der Lösung. Die echtzeitfähige Code-Generierung soll nicht in dem Code der Anwendung selbst berücksichtigt werden müssen. Die Verwendung von bewährtem Alt-Code ist damit möglich, auch wenn möglicherweise nicht für alle Code-Bestandteile Echtzeitgarantien gegeben werden können. Weiterhin wird durch diese externe Steuerung der Code-Generierung die einfache Portabilität einer Anwendung in Zwischencode gewahrt und keine besonderen Anforderungen an die Verteilung der Software gestellt.

Dieser Artikel ist im Weiteren wie folgt strukturiert: Abschnitt 2 gibt einen Überblick existierender Lösungen. Abschnitt 3 erläutert die propagierte Optimierung, die in Abschnitt 4 evaluiert wird. Der zusammenfassende Abschnitt 5 schließt die Veröffentlichung, indem er eine kritische Betrachtung enthält und Verweise auf zukünftige Arbeiten gibt.

2 Verwandte Arbeiten

Die Entwicklung von echtzeitfähigen VMs wurde bisher vor allem für Java vorangetrieben. Aufgrund der Allgemeingültigkeit des Problems werden zur Betrachtung des Stands der Technik nicht nur Lösungen aus dem CLI-, sondern auch aus dem Java-Bereich herangezogen. Mit der „Real-Time Specification for Java" (RTSJ [10]) entstand eine Spezifikation, die gegenüber dem Java-Standard zusätzliche Modelle für die Speicherverwaltung, Threading, Timer und Ablaufplanung, nicht aber für die Generierung des nativen Codes, einführt. Implementierungen der RTSJ sind unter anderem TimeSys reference implementation (RI) [23], IBM WebSphere Real Time [1] und JamaicaVM [22].

TimeSys RI, IBM WebSphere Real Time sowie die CLI-Laufzeitumgebungen Mono und Microsoft .NET Framework [16] stellen Ahead-of-Time-Compiler (AOT-Compiler) bereit. Diese nehmen Java-Bytecode bzw. CLI-Code als Eingabe und generieren nativen Code, der von der VM zur Laufzeit geladen und verwendet wird. Dabei haben Mono und das .NET Framework, mit seinen Varianten Micro und Compact Framework, nicht den Anspruch harte Echtzeitanforderungen zu erfüllen.

Die Java-VM Quicksilver kombiniert einen AOT- und einen JIT-Compiler, so dass Anforderung A.2 aus Abschnitt 1.3 erfüllt wird. Entgegen Anforderung A.1 löst Quicksilver Referenzen zur Laufzeit auf [12]. Die RTJS-konforme Implementierung Apogee Real-Time JRE [2] bietet mit ihrem „Just-Ahead-of-Time"-

Compiler ein Lösungskonzept an, das sehr ähnlich der in [20] vorgestellten PJC ist.

Neben der JamaicaVM gibt es mit FijiVM [18], und GCJ [8] Java-Lösungen, die ausführbare Dateien erzeugen. Sie überführen dazu den Quell- oder Zwischencode temporär eventuell in einen Quellcode anderer Form, z.B. C-Code. Das auf der Low Level Virtual Machine (LLVM) basierende VMKit [9] ist ein Framework für die Entwicklung von VMs. Es stellt mit dem „LLCJ" einen AOT-Compiler zur Verfügung, dessen Fokus auf Code-Optimierung sowie Startzeit-Verkürzung und nicht auf Echtzeitsysteme gerichtet ist. Im CLI-Bereich existieren ähnliche Lösungen, die jedoch Anforderung A.2 verletzen [15] oder nicht auf Echtzeitsysteme abzielen [17].

Mit [5] existiert ein weiterer AOT-Compiler für CLI-Code, der jedoch nicht alle Sprachbestandteile abdecken kann. Der Salamander .NET Linker [19] generiert ausführbare Dateien, wobei der Fokus auf Verteilung der Software und nicht auf Echtzeitsystemen liegt. Mit der „ProConOS embedded CLR" [14] wird eine CLR angeboten, die speziell für den Einsatz als SPS-Laufzeitsystem entwickelt wurde. Sie besitzt einen AOT-Compiler und wird, anders als unsere Lösung, nicht als vollwertige CLR beworben[2].

3 Optimierung der Code-Generierung

Die hier vorgestellte Optimierung der Code-Generierung setzt auf dem in [20] vorgestellten Mono-2.6.1 mit PJC auf. Der für die Testhardware verfügbare „Full-AOT"-Modus[3], bei dem selbst Mono-interne Hilfsfunktionen bei der AOT-Compilierung berücksichtigt werden und so zur Laufzeit auf den JIT-Compiler verzichtet werden kann, erwies sich als ungeeignet: So lassen sich nicht alle Mono-internen Hilfsfunktionen zur Behandlung von nutzerdefinierten Datentypen beim Aufruf nativer Bibliotheken generieren und AOT-compilierter Code enthält potenziell mehr unaufgelöste Referenzen als JIT-compilierter Code [21]. Die hier vorgestellte Optimierung ist jedoch orthogonal zur Art der Code-Generierung. Die Umsetzung unterscheidet sich in technischen Details. Abbildung 1 zeigt vereinfacht den ersten Aufruf einer Methode aus JIT-compilierten CLI-Code bei der Ausführung innerhalb der Mono-VM. Nachdem das Programm von seiner Ausgangssprache, etwa C#, in CLI-Code übersetzt wurde (Schritt 1), compiliert Monos JIT-Compiler zu Beginn der Ausführung nur die Start-Methode der Anwendung (Schritt 2). Als Ziele von Methodenaufrufen im nativen Code werden Mono-interne Hilfsfunktionen, so genannte „Trampoline", emittiert (*lazy compilation*). Trampoline ermitteln in einem teilweise mehrstufigem Prozess (Schritte 3 bis 5) die Adresse der aufgerufenen Methode. Diese wird gegebenenfalls JIT-compiliert (Schritt 6). Anschließend wird der Methodenaufruf im nativen Code des Aufrufers korrigiert (Schritt 7), so dass bei einer wiederholten Ausführung

---

[2] Auch nach mehrmaliger Anfrage wurde der detaillierte Funktionsumfang der ProConOS embedded CLR vom Hersteller nicht benannt.

[3] Full-AOT ist bis Mono-2.6 für 64-Bit x86- und ARM-CPUs und ab Mono-2.8 auch für 32-Bit x86-CPUs verfügbar.

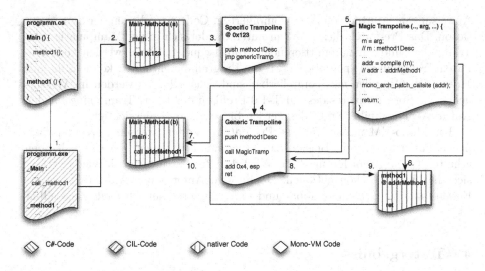

Abb. 1. Erste Ausführung eines Methodenaufrufs in JIT-compilierten Code, Mono-VM

unmittelbar die aufgerufene Methode ausgeführt wird. Man spricht vom „Patchen" des Aufrufs. Die Trampoline manipulieren danach den Stack, so dass der Rücksprung nicht in den aufrufenden Code, sondern in den aufgerufenen Code erfolgt (Schritte 8 und 9) und jener nach seiner Abarbeitung in den aufrufenden Code zurückkehrt (Schritt 10). Eine wiederholte Ausführung desselben Aufrufs benötigt keine Trampoline.

Die von uns entwickelte Optimierung des nativen Codes knüpft an die PJC-Phase an. Während der Vor-Compilierung emittierte Aufrufe werden aufgezeichnet. Aufrufe, die nicht in ein Trampoline verzweigen, werden nicht behandelt. Ein Aufruf, der in ein Trampoline springt, wird modifiziert, so dass er in ein manipuliertes Trampoline verzweigt. Der Aufruf selbst (Schritt 3 in Abbildung 1) wird durch eine eigens emittierte und zum Trampoline-Typ passende Sequenz nativen Codes ausgelöst. Monos Trampoline-Mechanismus wird automatisch abgearbeitet (Schritte 4 bis 8). Die manipulierten Trampoline kehren beim Rücksprung (Schritt 9) nicht in den aufgerufenen Code, sondern in die Aufrufsequenz zum Start des Patchens zurück. Schritt 10 in Abbildung 1 entfällt und es kann mit dem nächsten aufgezeichneten Aufruf fortgefahren werden. Dieses so genannte „*Pre-Patch*" der Methodenaufrufe verknüpft den nativen Code direkter miteinander, so dass seine Abarbeitung vollständig ohne Mono-interne Funktionen gewährleistet ist. Das beseitigt den durch den Trampoline-Mechanismus verursachten Jitter (Anforderung A.1 in Abschnitt 1.3). Der Speicher für den nativen Code wird nicht zur Laufzeit, sondern während der PJC-Phase und dem Pre-Patch, reserviert.

Abbildung 1 illustriert die Behandlung eines Aufrufs einer nicht-virtuellen Methode. Es existieren weitere Trampoline-Typen. Sie behandeln unter anderem Aufrufe virtueller Methoden, Aufrufe von Interface-Methoden, CIL-Jump-

Anweisungen, Aufrufe von AOT-compiliertem Code oder dienen der Synchronisation. Das Pre-Patch dieser Typen unterscheidet sich in der Manipulation der Trampoline und der zu emittierenden Aufrufsequenz. Bisher werden vom Pre-Patch Trampoline-Typen abgedeckt, die Programme enthalten können, die mit Monos C#-Compiler *mcs* compilierbar sind. Das heißt, es werden im Wesentlichen die Sprachfeatures des .NET-1.0-Profils unterstützt. Trampoline für den Aufruf AOT-compilierten Codes werden bisher nicht berücksichtigt.

Die Mono-VM musste für das Pre-Patch erweitert werden. Ihre ursprünglichen Funktionen, zum Beispiel zum dynamischen Laden von Code, bleiben erhalten (siehe Anforderung A.2). Wird das Pre-Patch nicht aktiviert, verhält sich die Mono-VM konventionell. Damit wird Anforderung A.3 erfüllt, da die Erweiterung einfach handhabbar und ohne Weiteres auf Alt-Code anwendbar ist.

4 Testergebnisse

4.1 Testumgebung

Um die Steigerung der Echtzeitfähigkeit des modifizierten Mono-2.6.1 zu demonstrieren, wurde es mit anderen VMs verglichen. Die getesteten VMs waren:

- Mono-2.6.1 mit PJC and Pre-Patch (C#)
- Mono-2.10.8.1 (C#)
- IBM WebSphere Real Time V2 for RT Linux build 2.4 (Java)
- Aicas JamaicaVM 6.0 Release 3 build 6928 (Java)

Die Auswahl der Testkandidaten erfolgte anhand folgender Kriterien: sie repräsentieren den Stand der Technik, sie erfüllen die Anforderungen A.2 und A.3 aus Abschnitt 1.3 und sie stellen verschiedene Techniken zur Code-Generierung bereit. Die beiden Mono-Varianten und WebSphere besitzen einen AOT-Compiler, der nativen Code generiert, der von der VM zur Laufzeit geladen wird. JamaicaVM überführt Java-Bytecode in C-Code, der anschließend zu einer ausführbaren Datei compiliert wird. Leider stand für diese Evaluierung keine Variante der Apogee Real-Time JRE für unsere Test-Hardware zur Verfügung. Mono-2.10.8.1 wurde neben unserer Mono-Version gewählt, um den Full-AOT-Modus zu testen. Während die Produkte von IBM und Aicas RTSJ-konform sind und ein für Echtzeitsysteme ausreichend hohes Maß an Determinismus versprechen, erhebt Mono-2.10.8.1 nicht diesen Anspruch. Alle Tests fanden auf der gleichen Hardware (CPU: Intel Atom Z510@1.1 GHz, 1.0 GiBye Hauptspeicher) statt. Für die Untersuchungen wurde als Betriebssystem ein Linux mit RT-Preempt-Patches gewählt (Kernel 2.6.33.5-rt23-v1). Um Einflüsse des Betriebssystems zu vermeiden, wurden die Tests mit Echtzeit-Priorität 79 ausgeführt. Einflüsse durch die automatische Speicherverwaltung wurden vermieden, da die Testanwendung nicht speicherintensiv ist. Die Java-Varianten der Testanwendung verwenden so genannte „No-Heap-Real-Time-Threads", die keinen automatisch verwalteten Speicher verwenden.

4.2 Experimente

Die Auswahl an (Echtzeit-)CLI-Benchmarks ist eingeschränkt [9, p. 81]. Spezielle Echtzeit-Benchmarks für Java [13] verwenden RTSJ-spezifische Funktionen. Sie können nicht ohne Weiteres nach C# portiert werden. Die hier vorgestellten Experimente sind daher als Mikro-Benchmarks ausgeführt, die in C# und Java implementiert wurden. Die Testkriterien sind der zeitliche Determinismus von Methodenaufrufen und die Startzeit der Test-Anwendung. Die Ergebnisse stellen keine generelle Performanz-Betrachtung dar. In einem ersten Test werden 1000 nicht-statische Methoden, die eine einfache arithmetische Operation ausführen, über ein Interface aufgerufen. In jedem Testlauf wird die Ausführungszeit aller 1000 Methoden bzw. die der Aufrufe viermal ermittelt. Die erste Zeitmessung betrachtet den ersten Aufruf der Methoden, die zweite den wiederholten Aufruf der Methoden über andere Aufrufe im Zwischencode. Die dritte und vierte Messung wiederholen die zweite, d.h., sie nutzen die gleichen Aufrufe im Zwischencode. Das Testprogramm wurde mit jedem Testkandidat 2000-mal aufgerufen.

Für die Tests wurden IBM WebSphere im AOT-Modus und Mono-2.10.8.1 im Full-AOT-Modus ausgeführt. Bei dem modifizierten Mono-2.6.1 wurden PJC und Pre-Patch aktiviert. Zu Vergleichszwecken erfolgte eine Evaluierung ohne Pre-Patch. Die von der JamaicaVM generierte ausführbare Datei wurde mit den Optionen „-lazy=false" und „-compile" erzeugt. Während die erste Option sicherstellt, dass alle von der Hauptklasse referenzierten Klassen vor dem Start der Anwendung geladen werden, stellt die zweite Option sicher, dass alle Methoden der Anwendung in nativen Code übersetzt wurden.

Tabelle 1 fasst die ermittelten Ausführungszeiten zusammen. Trotz der Aktivierung des jeweiligen deterministischen Ausführungsmodus weisen die Ausführungszeiten einiger Testkandidaten Jitter auf. Selbst die Echtzeit-Lösungen JamaicaVM und IBM WebSphere erreichen nicht den Determinismus unserer Lösung. Der Vergleich zwischen Mono-2.6.1 mit aktiviertem Pre-Patch und ohne Pre-Patch verdeutlicht, dass die Optimierung der Code-Generierung den durch das *lazy compilation*-Prinzip eingeführten Jitter eliminieren kann. Dieses Verhalten tritt auch in anderen Testfällen auf, die an anderer Stelle veröffentlicht werden. Mit der Optimierung erhöht sich die Startzeit des modifizierten Monos, die bereits mit aktiviertem PJC um ein Vielfaches höher ist als die der anderen VMs. Es gibt Testfälle, bei denen die anderen Lösungen ähnlich gute Ergebnisse wie Mono-2.6.1 mit PJC und Pre-Patch erzielen. Tabelle 2 zeigt die Resultate eines Testfalls, bei dem nicht-statische Methoden über eine Instanz der sie implementierenden Klasse aufgerufen werden. Insbesondere die Java-Versionen schneiden gut ab. Es konnte nicht bestimmt werden, ob die Methoden durch IBMs AOT-Compiler als Inline-Funktionen compiliert wurden.

5   Diskussion und Ausblick

In dieser Veröffentlichung wurde eine Optimierung der Code-Generierung der CLR „Mono" hinsichtlich des zeitlichen Determinismus der Programmausführung

Tabelle 1. Ausführungszeiten von 1000 Interface-Methoden

VM	Start Ø			1. Messung	2. M.	3. M.	4. M.
Mono-2.6.1	13478,6715	Ø	[µs]	65441,71	219,575	219,157	218,9665
mit PJC	ms	min	[µs]	57571	201	200	196
		max	[µs]	66583	268	271	269
Mono-2.6.1	18544,3655	Ø	[µs]	216,9025	217,3335	218,3805	218,558
mit PJC &	ms	min	[µs]	201	202	202	202
Pre-Patch		max	[µs]	268	275	273	272
Mono-	149,377	Ø	[µs]	132453,7415	16290,655	366,7135	368,364
2.10.8.1	ms	min	[µs]	116592	12458	335	341
Full-AOT		max	[µs]	183301	42790	409	408
IBM WebS.	3256,5745	Ø	[µs]	53667,489	2358,1435	702,135	702,41
RT V2 for	ms	min	[µs]	52631	2047	462	462
RT Linux		max	[µs]	54834	2716	962	940
JamaicaVM	2447,0645	Ø	[µs]	20993,218	2093,783	2086,6235	2086,047
	ms	min	[µs]	11882	1554	1558	1567
		max	[µs]	46677	2885	2817	3012

präsentiert. Der Ansatz kombiniert Vor-Compilierung („PJC") von Zwischencode mit einer optimierenden Transformation des emittierten nativen Codes („Pre-
Patch"). Bei der Optimierung werden unaufgelöste Referenzen im nativen Code
entfernt. Beide Maßnahmen erhöhen die Startzeit und den Speicherbedarf der
Mono-VM gegenüber dem normalen Betriebsmodus mit JIT-Compiler. Das erschwert den Einsatz in Umgebungen mit begrenzten Ressourcen. Jedoch wird die
Allokation von Speicher und Code, die neben der CPU grundlegende Betriebs-
mittel zur Ausführung eines Programms sind, sichergestellt. Der Kompromiss
zwischen Effizienz und zeitlichen Determinismus wird zugunsten Letzterem verschoben. Experimente zeigen, dass sich mit unserem Ansatz deterministischere
Ausführungszeiten erzielen lassen als mit existierenden Lösungen.

Die Vor-Compilierung beruht auf dem JIT-Compiler, der auch zur Laufzeit
aufgerufen werden kann. So können dynamische Sprachbestandteile, wie das dynamische Laden von Klassen, weiterhin genutzt werden (siehe Anforderung A.2
in Abschnitt 1.3). Das erhöht ebenfalls den Speicherbedarf, da die Mono-VM ein
eigenständiges Programm ist. Statische Lösungen wie die JamaicaVM müssen
für solche Fälle auf entsprechende Funktionalität z.B. in Form von Bibliotheken
zurückgreifen, was den Speicherbedarf auch hier erhöht.

Während die lange Startzeit für lange laufende Applikationen unwesentlich
ist, so beeinflusst sie die Entwicklung und das Testen negativ, da sie bei jedem
Programmstart zum Tragen kommt. Jedoch nimmt das Erstellen des AOT-Codes
für IBM WebSphere RT oder einer ausführbaren Datei mit JamaicaVM bis zu
mehrere Minuten in Anspruch. Das muss bei der Aktualisierung einer für eine Anwendung relevanten Bibliothek wiederholt werden. Mit unserem Ansatz
bleibt die einfache Verteilung einer Anwendung als Zwischencode erhalten. Genaue vergleichende Untersuchungen der Startzeit und des Speicherverbrauchs
der Lösungen ist Bestandteil zukünftiger Arbeiten. Ebenso wird untersucht, ob

Tabelle 2. Ausführungszeiten von 1000 Instanz-Methoden

VM	Start ∅			1. Messung	2. M.	3. M.	4. M.
Mono-2.6.1	11942,0665	∅	$[\mu s]$	5435,273	5258,1515	144,4955	144,79
mit PJC	ms	min	$[\mu s]$	5371	5202	133	133
		max	$[\mu s]$	5576	5391	179	193
Mono-2.6.1	16615,6855	∅	$[\mu s]$	144,9915	145,031	145,6765	145,739
mit PJC &	ms	min	$[\mu s]$	134	134	134	133
Pre-Patch		max	$[\mu s]$	188	180	214	192
Mono-	143,8115	∅	$[\mu s]$	22289,525	18689,747	201,13	200,5695
2.10.8.1	ms	min	$[\mu s]$	18013	972	189	187
Full-AOT		max	$[\mu s]$	160550	44149	245	250
IBM WebS.	3166,991	∅	$[\mu s]$	449,7015	449,7465	449,292	449,67
RT V2 for	ms	min	$[\mu s]$	386	391	394	392
RT Linux		max	$[\mu s]$	517	513	518	514
JamaicaVM	2120,944	∅	$[\mu s]$	29207,2205	1983,385	1958,338	1937,9825
	ms	min	$[\mu s]$	18796	1522	1479	1468
		max	$[\mu s]$	132662	3496	2762	2819

durch die Verwendung von Monos AOT-Compiler als Code-Generator in Verbindung mit dem Pre-Patch die Startzeit verringert werden kann.

Die hier vorgestellten Modifikationen sind nicht ausreichend, um eine VM für typische Anwendungen harter Echtzeitsysteme zu entwerfen. Neben einem deterministischen Code-Generator müssen Elemente wie ein geeignetes Threading-Modell, Speichermodell und -Verwaltung, Timer, Ablaufplaner und Synchronisationsprimitive Bestandteil einer echtzeitfähigen VM sein. Das ist bei dem von uns modifizierten Mono nicht gegeben und es fehlt eine mit der RTSJ vergleichbare standardisierte Grundlage [25]. Zudem verletzt die derzeitige Implementierung ECMA-335 §8.9.5. Statische Typ-Konstruktoren, deren *BeforeFieldInit*-Feld nicht gesetzt, ist, werden während es PJC ausgeführt, obwohl das erst beim ersten Zugriff auf den Typ erlaubt ist. Die Reduzierung der Startzeit und das Erreichen von Standard-Konformität sind zukünftige Aufgaben.

Literaturverzeichnis

1. Auerbach, J., Bacon, D., Blainey, B., Cheng, P., Dawson, M., Fulton, M., Grove, D., Hart, D. und Stoodley, M.: Design and Implementation of a Comprehensive Real-time Java Virtual Machine. In *Proceedings of the 7th ACM & IEEE international conference on Embedded software*, S. 249–258, 2007.
2. Apogee Software Inc.: RTJRE. www.apogee.com/products/rtjre, Abruf 13.03.2012.
3. Aycock, J.: A Brief History of Just-In-Time. In *ACM Computing Survey 35*, Nr. 2, S. 97–113, 2003.
4. Braun, S., Obermeier, M., Schmidt-Colinet, J., Eben, K. und Kissel, M.: Notwendigkeit von Metriken für neue Programmiermethoden automatisierungstechnischer Anlagen. In *Informatik Aktuell, Echtzeit 2010, Springer Berlin Heidelberg*, S. 11–20, 2011.

5. Codeplex: CrossNet. `crossnet.codeplex.com`, Abruf 14.03.2012.
6. Standard ECMA-334 - C# Language Specification. International, ECMA, 2006
7. Standard ECMA-335 - Common Language Infrastructure (CLI). International, ECMA, 2006
8. Free Software Foundation, Inc.: The GNU Compiler for the Java Programming Language. `www.gnu.org/software/gcc/java/`, Abruf 21.03.2012.
9. Geoffray, N.: Fostering Systems Research with Managed Runtimes. Université Pierre et Marie Curie, 2009.
10. Gosling, J. und Bollella, G.: The Real-Time Specification for Java. Addison-Wesley Longman Publishing Co., Inc., 2000.
11. Gosling, J., Joy, B., Steele, Guy und Bracha, G.: The Java Language Specification. Addison-Wesley Professional, 2005.
12. Joisha, P., Midkiff, S., Serrano, M. and Gupta, M.: A framework for efficient reuse of binary code in Java. In *Proceedings of the 15th international conference on Supercomputing*, S. 440–453, 2001.
13. Kalibera, T., Hagelberg, J., Pizlo, F., Plsek, A., Titzer, B, und Vitek, J.: CDx: a family of real-time Java benchmarks. In *Proceedings of the 7th International Workshop on Java Technologies for Real-Time and Embedded Systems*, S. 41–50, 2009.
14. KW-Software: IEC 61131 PLC runtime system with .NET code: ProCoNOS embedded CLR. `www.kw-software.com/com/iec-61131-sps/2893.jsp`, Abruf 21.03.2012.
15. v. Löwis, M. und Rasche, A.: Towards a real-time implementation of the ECMA common language infrastructure. In *ISORC '06: Proceedings of the Ninth IEEE International Symposium on Object and Component-Oriented Real-Time Distributed Computing*, S. 125–132, 2006.
16. Microsoft Corporation: .NET Framework. `www.microsoft.de/net`, Abruf 21.03.2012.
17. Pascual, R.: GCC CIL Frontend. `www.hipeac.net/system/files/Ricardo-Fernandez-061129.pdf`, 2006.
18. Pizlo, F.,Ziarek, L., Blanton, E., Maj, P. und Vitek, J.: High-level programming of embedded hard real-time devices. In *Proceedings of the 5th European conference on Computer systems*, S. 69–82, 2010.
19. Remotesoft Inc.: Salamander .NET Linker, Native Compiler and Mini-Deployment Tool. `www.remotesoft.com/linker`, Abruf 21.03.2012.
20. Schepeljanski, A., Däumler, M. und Werner, M.: Entwicklung einer echtzeitfähigen CLI-Laufzeitumgebung für den Einsatz in der Automatisierungstechnik. In *Informatik Aktuell, Echtzeit 2010, Springer Berlin Heidelberg*, S. 21–30, 2011.
21. Stoodley, M., Ma, K. and Lut, M.: Real-time Java, Part 2: Comparing compilation techniques. `http://www.ibm.com/developerworks/java/library/j-rtj2/index.html`, Abruf 20.03.2012.
22. Siebert, F. und Walter, A.: Deterministic execution of java's primitive bytecode operations. In *Proceedings of the 2001 Symposium on Java Virtual Machine Research and Technology Symposium*, S. 141–152, 2001.
23. TimeSys Corporation: RTSJ Reference Implementation (RI) and Technology Compatibility Kit (TCK). `www.timesys.com/java/`, Abruf 21.03.2012.
24. Xamarin: Mono. `www.mono-project.com`, Abruf 21.03.2012.
25. Zerzelidis, A. und Wellings, A. J.: Requirements for a real-time .NET framework In *SIGPLAN Not.*, Vol. 40, Nr. 2, S. 41–50, 2005.

Modulare Echtzeit-Testarchitektur

Plattform- und programmiersprachenunabhängige Testabläufe plus anwendungsspezifische Hardware-Schnittstellenadapter

Lennart Asbach und Lars Ebrecht

Deutsches Zentrum für Luft- und Raumfahrt,
Institut für Verkehrssystemtechnik,
38108 Braunschweig
{lennart.asbach|lars.ebrecht}@dlr.de

Zusammenfassung. Der folgende Artikel stellt einen generischen Ansatz für eine modulare Echtzeit-Testarchitektur vor. Anhand der im Bahnlabor RailSiTe® realisierten Test- und Simulationsumgebung wird vorgestellt, wie basierend auf plattform- und programmiersprachenunabhängigen Testbeschreibungen in Verbindung mit anwendungsspezifischen Hardware-Schnittstellenadapter ereignisdiskrete sowie kontinuierliche Signale generiert werden. Dieser Ansatz ermöglicht eine frei konfigurierbare und flexible Basisarchitektur für Hardware-in-the-Loop-Tests. Das Prinzip wird exemplarisch an einem Hochfrequenzsignalübertragungskanal zur Eurobalisen- und Euroloop-Nachrichtenübertragung für eine fahrzeugseitige Leit- und Sicherungseinheit verdeutlicht.

1 Einleitung

Das Institut für Verkehrssystemtechnik des Deutschen Zentrums für Luft- und Raumfahrt e.V. (DLR) erforscht mit seiner Abteilung Bahnsysteme aktuelle und zukünftige Leit- und Sicherungstechnik für einen effizienten Bahnbetrieb. Ein Forschungsziel ist die Verbesserung der Inbetriebnahmeprozesse durch die Entwicklung neuer Testmethoden und -verfahren, um u.a. Strecken- und Fahrzeugausrüstungen vermehrt im Labor validieren zu können. Durch die realitätsnahen Labortests kann der eigentliche, finale Inbetriebnahmetest erheblich verkürzt werden, wenn Projektierungs- und Interaktionsfehler frühzeitig im Labor anstatt im Feld identifiziert werden. Dadurch können der Grad der Feldtests sowie die damit verbundenen hohen finanziellen sowie zeitlichen Aufwände reduziert werden.

Zur Durchführung dieser Labortests betreibt das DLR an seinem Standort in Braunschweig das Bahnlabor RailSiTe®. In dem Bahnlabor wird neben nationaler Leit- und Sicherungstechnik hauptsächlich das europäische Leit- und Sicherungstechniksystem „European Train Control System" (ETCS) ganzheitlich betrachtet. Das RailSiTe® ermöglicht als modulare und verteilte Echtzeitsimulationsumgebung Hardware-in-the-Loop (HiL) sowie Software-in-the-Loop (SiL)

Tests. Wahlweise können reale Komponenten über entsprechende physikalische Schnittstellen eingebunden und das jeweilige Softwaresimulationsmodul durch sein reales Pendant ausgetauscht werden, sodass zum Beispiel Fahrzeugsicherungseinheiten oder streckenseitige Funkblockzentralen oder ein elektronisches Stellwerk in die Simulations- und Testumgebung integriert werden können. Der modulare Aufbau der Echtzeitsimulation berücksichtigt dabei alle entsprechend erforderlichen technischen Anforderungen und wird stetig weiterentwickelt und verbessert.

Ausgehend von einer formalen, plattform- sowie programmiersprachenunabhängigen Testbeschreibung können herstellerunabhängige, neutrale Konformitätstests von Eisenbahnleit- und Sicherungstechnikkomponenten durchgeführt werden. Die Testablaufbeschreibung beinhaltet sowohl diskrete Nachrichten, wie z.B. GSM-R- oder Balisen-Nachrichten, als auch kontinuierliche Verläufe, wie z.B. den Geschwindigkeitsverlauf für den Weg- und Geschwindigkeitsmesser. Durch die modulare Architektur können parallele und serielle Nachrichtenabfolgen über spezifische Schnittstellenadapter in Echtzeit übermittelt werden. Das Neue und Besondere an dem Konzept ist, dass die Schnittstellenadapter sehr flexibel einsetzbar sowie so weit wie möglich generisch bzgl. zu übertragender Inhalte ausgeführt sind. Damit können auch mehrere Teilsysteme des Gesamtsystems als ein System von Systemen gleichzeitig getestet und ihre Wechselwirkungen untersucht werden. Ein weiterer Vorteil besteht darin, dass das logische Schnittstellenverhalten in Form von plattform- und programmiersprachenunabhängigen Abläufen von den physikalischen Schnittstellenspezifika entkoppelt wird. Dadurch können Domänenexperten recht einfach Testabläufe erstellen, ohne spezielles Know-how über die Testumgebung oder eine bestimmte Skriptsprache zu besitzen. Im Folgenden wird das Prinzip anhand eines anwendungsspezifischen Adapters am Beispiel einer realen Luftschnittstelle einer zugseitigen Leit- und Sicherungseinheit beschrieben.

2   Generische Testarchitektur für HiL-Tests

In diesem Abschnitt wird das Konzept für die generische Testarchitektur für HiL- und SiL-Tests vorgestellt, das als Patentschrift veröffentlicht wurde [8]. Die Architektur unterstützt die automatisierte Durchführung in Echtzeit. Die Schnittstellenadapter sind frei in einem entsprechenden Netzwerkverbund verteilbar, sogar auf das Zielsystem, z.B. bei shared-memory-Schnittstellen. Die Stimuli und Reaktionen der Schnittstelladapter für die einzelnen Kommunikationskanäle zwischen Testumgebung und der Testeinheit sind nebenläufig. Das zu testende System, engl. „System under Test", wird im Folgenden mit SUT verkürzt bezeichnet. Abb. 1 zeigt die generische Architektur für die HiL-Testumgebung. Sie umfasst drei Hauptbestandteile: erstens die plattform- und programmiersprachenunabhängige Testablaufbeschreibung, zweitens die Testumgebung und drittens der Testeinheit. Die Testumgebung führt die in einer Datenbank gespeicherten Teststimuli des Testablaufs aus. Die Stimuli werden zu Beginn und während der Simulation gebündelt von der Schnittstellenverwaltung an die jeweiligen Schnittstellenadapter A, B, C,.. verteilt. Die Adapter realisieren unter Verwendung dieser Informationen mit Hilfe von spezifischen Signalverarbeitungseinheiten die entsprechenden digitalen und analogen Kommunikationskanäle zwecks Nachrichtenaustausch zwischen der Testumgebung und der Testeinheit. Die Schnittstellen zwischen der Zugsicherungseinheit sind dabei in einem europäischen Standard spezifiziert [6]. Einige sind kabelgebunden und andere drahtlos. Die Charakteristika der Testeinheit, Testablaufbeschreibung sowie der Schnittstellenadapter werden im Folgenden näher beschrieben.

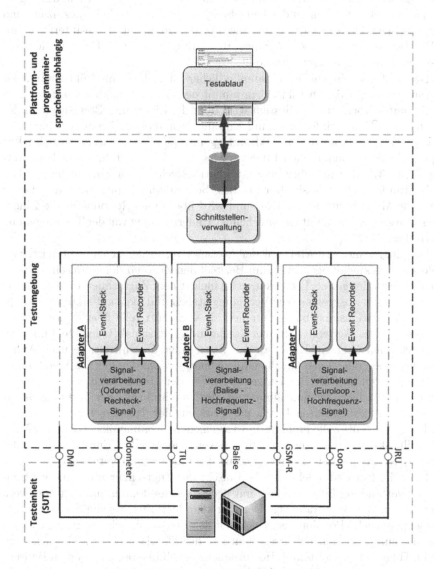

Abb. 1. Schema der HiL-Testarchitektur

2.1 Testeinheit (SUT)

Der Zugsicherungsrechner kommt vorwiegend in Hochgeschwindigkeitszügen zum Einsatz und überwacht den sicheren Betrieb des Zuges. In den verschiedenen Betriebsarten werden hauptsächlich die maximal erlaubte Geschwindigkeit sowie die maximal erlaubte Distanz überwacht. Die Zugsicherungseinheit verwendet dafür verschiedene Informationen, wie z.B. die Zugeigenschaften Zuglänge, Masse, Bremsvermögen sowie die Position, die anhand der zurückgelegten Strecke anhand von Wegpunkten bestimmt wird, als auch die von der Strecke übermittelte Fahrwegslänge und erlaubten Geschwindigkeiten. Insgesamt sind die folgenden sieben Schnittstellen zu der Umgebung der Fahrzeugeinheit spezifiziert und standardisiert: Driver-Machine-Interface (DMI), Odometer, Train-Interface-Unit (TIU), Balise, GSM-R, Loop, Juridical Recording Unit (JRU). Diese werden zum besseren Verständnis kurz vorgestellt.

Das DMI ist ein berührungsempfindlicher Bildschirm im Führerstand der Lokomotive. Über diesen Bildschirm nimmt der Fahrer Eingaben über die Zugeigenschaften vor. D.h. das System wird über die Länge und Bremsleistung der angehängten Wagen informiert, um Einsatzzeitpunkte für Bremsvorgänge korrekt berechnen zu können. Das DMI muss gemäß [5] mit haptischen und visuellen Signalen, also die händischen Eingaben des Triebfahrzeugführers, bedient werden. Eine Stimulierung über eine informationstechnischen Zugang hinter dem Bildschirm ist nicht zulässig. Der für diese Schnittstelle implementierte Adapter kennt die Menü Struktur des DMI und wird über einen Roboter für die Eingaben sowie eine Kamera mit entsprechender Bilderkennung von der Testumgebung kontrolliert.

Der Zugrechner erwartet von der Lokomotive, in der er eingesetzt ist, verschiedene Rückmeldungen, wie zum Beispiel den Zustand der Bremsen – Bremsen aktiviert oder gelöst. Die Lokomotive meldet dem Zugrechner, ob und welche (Not- oder Betriebsbremse) zur Verfügung stehen und aktiviert sind. Der Adapter zur Simulationsumgebung stimuliert diese Schnittstelle über digitale Spannungspegel. Des Weiteren wird das Geschwindigkeitssignal (Odometer) über ein Rechtecksignal über ein Kabel an den Zugrechner übermittelt. Je nach Auflösung des zu simulierenden Geschwindigkeitsmessers werden hier Rechtecksignale mit Frequenzen im kHz Bereich generiert. Bei der JRU handelt es sich um den Fahrdatenschreiber, der nur offline nach der Durchführung der Tests durch das Auslesen der gespeicherten Daten per USB mit der Testumgebung verbunden ist. Die Luftschnittstelle umfasst drei verschiedene Kommunikationswege: GSM-R Mobilfunk (Euroradio) neben dem passiven Transponder (Eurobalise) und der aktiven Hochfrequenzsiganalübertragung der Linienleiter (Euroloop).

Über die Euroradio-Schnittstelle tauscht der Zugrechner über eine kontinuierliche Verbindung Informationen mit der Streckenseite, d.h. mit dem Stellwerk über die Funkblockzentrale, aus. Der Zug kann hiermit in regelmäßigen Abständen seine aktuelle Position der streckeseitigen Leit- und Sicherungstechnik melden und empfängt u.a. Fahrtfreigaben von der Streckenseite. Im Gegensatz zu der im Folgenden vorgestellten Hochfrequenzsignalübertragung bei dem Balisen- und Leiterschleifenempfänger wird die zu testende Einheit nicht über reale Funksignale getestet. Vielmehr wurde hier das GSM-R-Modem als Systemschnittstelle festgelegt, das über eine direkte Verbindung mit der Testumgebung verbunden ist. Entsprechend der Schnittstellenspezifikation [3] wurden alle Schichten des Kommunikationsweges implementiert, sodass der Nachrichtenaustausch auf Ebene der AT-Befehle verschlüsselt und codiert erfolgt.

Bei den Eurobalisen [2] handelt es sich um RFID-ähnliche Transponder, die mittig zwischen den Gleisen angebracht werden. Linienleiter oder Euroloops [4] sind mehrere hundert Meter lange Leiterschleifen. Generisch betrachtet, wird in beiden Fällen eine elektromagnetische Welle mit entsprechendem Nachrichteninhalt erzeugt und abgestrahlt. Bis zur Modulation der Welle sind beide Verfahren weitgehend identisch. Da es sich bei den Eurobalisen um punktförmige „Transponder" handelt, werden diese u.a. als Orientierungspunkte für die Zugposition genutzt. In Bezug zur Simulation ist der Sendezeitpunkt dieser Signale ausschlaggebend für die Positionsberechnung des Zugrechners. Die Angabe von Entfernungen (z.B. „wie weit der Zug noch fahren darf") beruht auf der Positionierung zu der zuletzt empfangenen Balise. Deshalb erfordern korrekte Simulationsergebnisse einen exakten Abstrahlzeitpunkt bzw. eine dadurch exakt abgebildete Position der Eurobalise. Für die Linienleiter, die Euroloops, ist der korrekte Zeitpunkt der Signalabstrahlung weniger wichtig, da der Empfangszeitpunkt im Zugrechner nicht ausgewertet wird.

2.2 Testablaufbeschreibung

Die Testablaufbeschreibung aller Schnittstellenstimuli und -reaktionen dient als Referenz (siehe Abb. 2). Die Stimuli enthalten neben den Nachrichteninhalten, die in Form von ein oder mehreren Variablen und entsprechenden Werten beschrieben sind, mindestens eine Verlaufsgröße als Triggerbedingung, wie z.B. die vom Simulationsstart aus zurückgelegte Position des Zuges. Die Simulationszeit wird gegebenenfalls relativ zu einem bestimmten Ereignis verwendet, wie z.B. nach Erhalt einer bestimmten Nachricht oder Erreichen des Stillstands. Stimuli können jedoch auch komplexere Triggerbindungen beinhalten, wie z.B. den Erhalt einer bestimmten Nachricht innerhalb eines bestimmten Zeitfensters. Die Nachrichten beschreiben zwar durch entsprechende Variablen, deren Bitlängen und Werte sowie die Variablenreihenfolge bei Paketen nur den Inhalt der Nachricht und nicht das real zu generierende Signal, reichen aber aus, um von den Schnittstellenadaptern für die spezifische Signalgenerierung verwendet werden zu können. Die betreffende Schnittstelle oder besser der Schnittstellenkanal ist ebenfalls Bestandteil eines jeden Schnittstellenereignisses in der Testablaufbeschreibung.

2.3 Testumgebung

Die Testumgebung besteht aus der Simulationsdatenbank, der Schnittstellenverwaltung sowie den Schnittstellenadaptern. Die Datenbank beinhaltet alle erforderlichen Daten für die Testdurchführung, d.h. die Testablaufbeschreibung sowie die Konfigurationsdaten für die Etablierung der Schnittstellenkanäle mit

Hilfe der Adapter. Somit können zwei GSM-R-Modems, also zwei GSM-R-Kanäle durch zwei Instanzen eines GSM-R-Schnittstellenadapters realisiert werden. Die Schnittstellenverwaltung in Abb. 1 startet in der Startphase vor Beginn der Testdurchführung mit Hilfe der in der Datenbank abgelegten Konfigurationsparameter die einzelnen Schnittstellenadapter für die entsprechend erforderlichen Kommunikationskanäle.

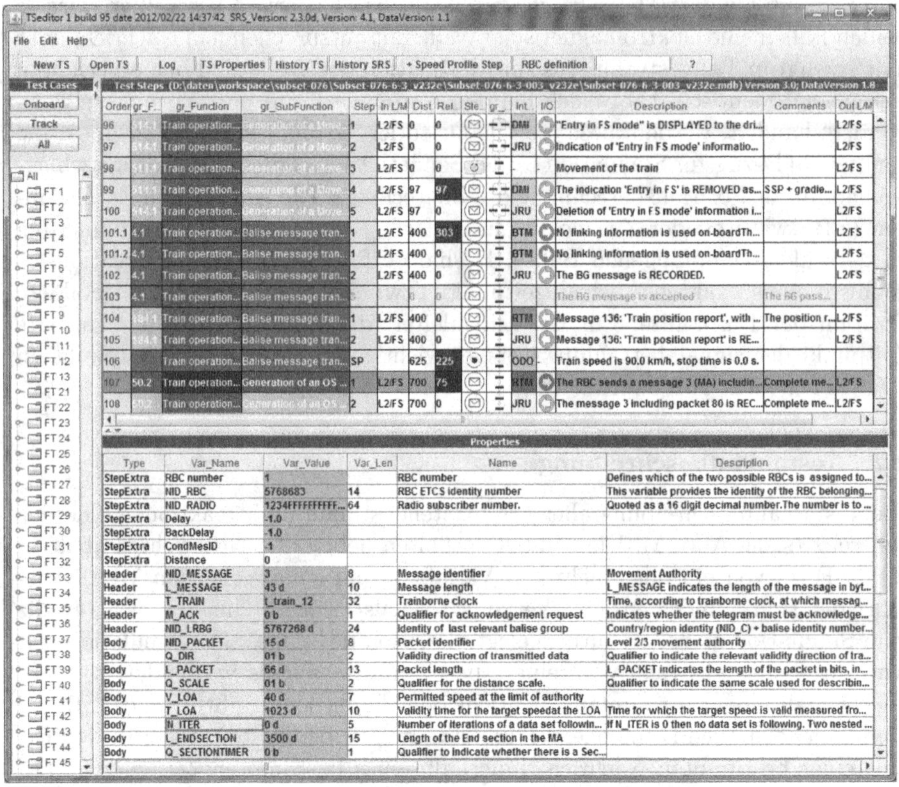

Abb. 2. Plattform- und programmiersprachenunabhängige Testablaufbeschreibung

Die Schnittstellenadapter verbinden das SUT mit der Testumgebung. Die Adapter umfassen, wie in Abb. 1 dargestellt, eine generische Ereignisverwaltung, bestehend aus Event-Stack und -Recorder, sowie eine schnittstellenspezifische Signalverarbeitung. Die Ereignisverwaltung übernimmt die entsprechend des Testablaufs einem Kanal zugeordneten Stimuli und erzeugt mit Hilfe der spezifischen Signalverarbeitung z.B. ein Balisen-spezifisches Hochfrequenzsignal. Wenn die Triggerbedingung erfüllt ist, wird von der Ereignisverwaltung das erzeugte Signal bei der Signalverarbeitung ausgelöst und emittiert. Die Ereignisverwaltung ist somit allgemein und generisch implementiert. Die Signalverarbeitung beinhaltet alle codierungs- und verschlüssungstechnischen Algorithmen zur Berechnung eines Signals. Die Schnittstelle zwischen Ereignis- und Signalverwaltung ist für alle Adapter gleich. Im Wesentlichen realisiert die Schnittstelle die Übergabe der Nachrichteninhalte zur Generierung eines spezifischen Signals sowie die Auslösung eines generierten Signals. Des Weiteren werden empfangene Nachrichten von der Signalverarbeitung entschlüsselt und dekodiert und Nachrichtenvariablen der Ereignisverwaltung, genauer an den Event-Recorder, übergeben.

Die Trennung zwischen allgemeinem Ereignisverwalter und der spezifischen Signalverarbeitungsroutine ermöglicht einen einfachen Tausch von Verwendung verschiedener Signalverarbeitungsroutinen sowie eine beliebige Konfiguration und Realisierung von Schnittstellenkanälen, als auch Erweiterung um neue Übertragungsarten. Aus der Sicht des Testablaufs bleibt die Schnittstelle und die Behandlung der Ereignisse bis zur Ereignisverwaltung in den Adaptern gleich. Die physikalischen Signaleigenheiten und Eigenschaften und damit das schnittstellenspezifische „Know-how" werden in der Signalverarbeitung gekapselt. Durch diese Anordnung können Softwaremodule über software-technische und Hardwarekomponenten über physikalische Schnittstellen angesprochen werden und jedes Softwaremodul und/oder Hardwarekomponente alleine für sich oder in Kombination getestet werden. Darüberhinaus lassen sich die Adapter durch ihre einheitlichen Schnittstellen auf verschiedenen Plattformen und Zielsystemen implementieren und in einem Netzwerk verteilen. Die von den Adaptern übermittelten und empfangenen Nachrichten werden in einer zentralen Datenbank in dem plattformunabhängigen Format gespeichert und dienen als Grundlage für eine automatisierte Auswertung der Ergebnisse im Anschluss zur Testdurchführung.

3 Adapter

In diesem Abschnitt wird die Realisierung eines Adapters am Beispiel der Balisen- und Loop-Hochfrequenzsignale erläutert. Da in der Realität verschiedene Systeme existieren, die eine vom Prinzip sehr ähnliche Hochfrequenzsignalübertragung von Informationen über eine Luftschnittstelle von der Strecke an den Zug nutzen, wie z.B. die deutsche PZB90 oder schwedischen ASK-Balisen, wurde ein generisches Sendemodul für die Hochfrequenzsignalübertragung für Balisen und Loop-Nachrichten entworfen, das nahezu beliebige Wellenformen generieren und emittieren kann.

Realisierung der Hochfrequenzsignalverarbeitungsroutine für Balisen- und Loopnachrichten Als Grundlage für die Signalverarbeitungsroutine dient ein D/A-Wandler in Form einer Schnittstellenkarte für Personalcomputer(PC). Dieser PC ist Teil der Simulation und empfängt über eine Ethernet-Schnittstelle bereits vor Simulationsstart die Nachrichteninhalte und -trigger wie zuvor beschrieben. Vor dem Sendevorgang wird aus der plattformunabhängigen Nachricht (einem Hex String der Binär-codierten Variablenwerte) eine Wellenform zur Emittierung über eine Antenne erzeugt. Dabei müssen bestimmte, entsprechend spezifizierte Echtzeitbedingungen (vgl. [5], [6]) eingehalten werden. Jeder

Zug nutzt den Verlauf der empfangenen Feldstärke eines Balisensignals sowie den Zeitpunkt des Empfangs zur Positionsermittlung. Die Steigung der ansteigenden Feldstärke zu Beginn der Empfangszeit wird dabei bereits für eine Prognose über das Feldstärkenmaximum und ·damit die Mitte der Nachrichtenübertragung genutzt. Die Übertragungssysteme der hier simulierten Luftschnittstelle sind für Geschwindigkeiten von bis zu $500\,km/h$ ausgelegt. Die unterschiedlichen Schnittstellen des Zugsicherungsrechners erfordern jedoch unterschiedliche Echtzeitbedingungen. Das System im fehlerfreien Betrieb erwartet an den meisten Schnittstellen eine Antwort innerhalb weniger Sekunden. Gemessen an der Rechenleistung aktueller Rechnersysteme können diese, wenige kB große, Nachrichten ohne besondere Weiterverarbeitung zu ihrem vorgesehenen Sendezeitpunkt emittiert werden. Das Funksignal wird dabei auf einer Strecke von ca. $1,6\,m$ übertragen, d.h. das Signal muss von dem Luftschnittstellenmodul ca. $10\,ms$ emittiert werden. Da bis zu acht Balisen-Transponder in der Strecke hintereinander im Abstand von ca. $5\,m$ simuliert werden müssen, sind in den Pausen von $3-4\,m$, respektive ca. $25\,ms$, zwischen den einzelnen Transpondern die zuvor generierten Hochfrequenzsignalverläufe der Nachrichten in der Signalverarbeitungseinheit zu wechseln.

Abb. 3(b) zeigt zwei Telegramme (dunkles Signal), die über die Luftschnittstelle bei einer Geschwindigkeit von $100\,km/h$ übertragen werden. Der gesamte Meßzeitraum zeigt eine Sekunde, d.h. eine virtuelle Strecke von etwa $28\,m$. Die Telegramme werden über einen Zeitraum von etwa $60\,ms$ ausgesendet, um eine Empfangslänge von $1,6\,m$ zu simulieren. Um mögliche Fehler bei der Positionsbestimmung zu vermeiden ist der Sendezeitpunkt entscheidend. Bei einer Geschwindigkeit von etwa $140\,m/s$ (also die Maximalgeschwindigkeit der Auslegung) führt jede ms Abweichung zu einem Positionsfehler von etwa $14\,cm$. Zur Minimierung dieses Fehlers während eines Testlaufs wurde ein Algorithmus implementiert, der basierend auf aktuellen Fahrdaten unmittelbar vor Erreichen der Strecken-Transponder-Position eine Prognose über den Sendezeitpunkt in der Simulation sowie die Sendedauer berechnet.

Nach der Durchführung des Testlaufs werden die Einträge der Loggingdatenbank auf funktionaler Ebene automatisch mit der abstrakten Testfallbeschreibung verglichen und damit eine Aus- bzw. Bewertung durchgeführt. Das Ergebnis steht unmittelbar als Tabelle zur Verfügung.

Hardware Die Trägerfrequenzen der im Bahnbereich genutzten Übertragungssysteme für Luftschnittstellen (punkt- oder linienförmig) liegen unterhalb von $30\,MHz$. Zur Generierung der Wellenform wird ein D/A-Wandler mit einer Auflösung von einem Byte und einer maximalen Samplerate von $125\,MSample$ ausgewählt. Dieser D/A-Wandler erlaubt das Erzeugen beliebiger Wellenformen und bildet somit die Basis für eine möglichst flexible Emulation der Luftschnittstelle. Das genutzte Prinzip ist vergleichbar mit dem einer Audioschnittstelle für PCs. Das erzeugte Signal wird per Koaxialkabel an eine entsprechend ausgelegte Antenne übertragen, die gegenüber der Empfangseinheit des Zugrechners montiert ist. Die Auslegung dieser Anordnung wurde entsprechend den in [2] bzw. [4]

aufgeführten Anforderungen durchgeführt. Eine Vermessung der abgestrahlten Feldstärken wurde nicht durchgeführt, da nur funktionale Tests der Nachrichteninhalte durchgeführt werden, ein Test der Empfangseinheit bzw. -qualität ist nicht Teil der Testdurchführung.

Software Die Treibersoftware für den D/A-Wandler empfängt von der Schnittstellenverwaltung eine von der Testumgebung zu sendende Balisen-Nachricht. Diese Nachricht enthält eine Bitkette für den zu übertragenden Inhalt, eine Position (stellvertretend für den Sendezeitpunk) und den Schnittstellenkanal, der zur Übertragung genutzt werden soll. Der Treiber selbst entscheidet anhand des angegebenen Schnittstellenkanals, welcher Adapter mit den entsprechenden Modulationsverfahren und welche Verschlüsselungsalgorithmen verwendet werden. Entsprechend Abb. 1 erscheint diese Anordnung zunächst als Verletzung der modularen Gesamtstruktur, da ein Adapter mehrere Schnittstellen bedient, allerdings findet die Unterscheidung der Schnittstellenkanäle technisch betrachtet bereits in der Schnittstellenverwaltung statt. Der Adapter verarbeitet Nachrichten für beide Schnittstellenkanäle. Eine Doppelnutzung der Wellengenerierung ist hier sinnvoll, da der D/A-Wandler über zwei getrennte Kanäle verfügt, diese aber nur durch eine Schnittstelle zum Betriebssystem verwaltet werden können.

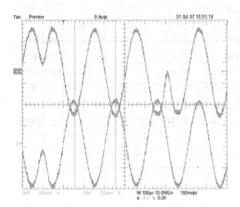 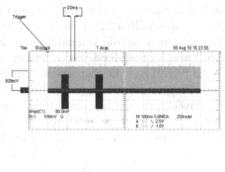

(a) Wellenform zweier unabhängiger Euroloop Signale, binäre Phasenmodulation

(b) Abgestrahltes Signal, bei der simulierten Überfahrt von 2 Balisen bei 120 km/h

Abb. 3. Ergebnis des Adapters am Antenneneingang

Ergebnis Die Abbildungen 3(a) und 3(b) zeigen den zeitlichen Spannungsverlauf des vorgestellten Adapters. Abb. 3(a) zeigt das phasenmodulierte Signal auf zwei Kanälen. Das Trägersignal hat eine Frequenz von ca. $13\,MHz$. Abb. 3(b) zeigt die Abstrahlung von zwei Balisennachrichten im Abstand von ca. $4\,m$. Die durchgängige Wellenform im Hintergrund von Abb. 3(b) mit einem Pegel von knapp über 500 mV stellt die Odometerimpulse des Odometrieadapters der Simulation dar. Der Trigger markiert den Zeitpunkt, an dem der Zugrechner genau die Anzahl von Impulsen über die Odometrieschnittstelle erhalten hat, die der Entfernung zur Balisenmitte der ersten Balise entspricht. D.h. die Zeit zwischen Trigger und gesendeter Balisenmitte (Mitte des ersten schwarzen Rechtecks) beschreibt den simulierten Odometriefehler. Der Fahrzeugrechner wird seine Position anhand der empfangenen Balisen neu kalibrieren und die Abweichung eliminieren. Diese Abweichung kann entsprechend den Testbedingungen eingestellt werden.

4 Zusammenfassung und Ausblick

Der beschriebene Ansatz bietet eine anpassungsfähige, plattformunabhängige Hil-/SiL-Test- und Simulationsumgebung für die Durchführung von funktionalen Tests in Echtzeit. Die Schnittstellen zwischen dem zu testenden System und der Laborumgebung wurden auf software-technischer und physikalischer Ebene umgesetzt. Die Auslegung der physikalischen Schnittstellen erfolgte derart modular, dass eine Anpassung der Schnittstelle ausschließlich die Anpassung der jeweiligen Signalverarbeitungseinheit eines Adapters erfordert. Die Testablaufbeschreibung kann unverändert beibehalten werden. Neue Anforderungen durch neue Schnittstellen oder eine Veränderung der Spezifikation bekannter Schnittstellen können mit geringem Aufwand integriert werden. Im Gegensatz zu der in [7] dargestellten Möglichkeit wird eine Methode zur Emittierung beliebiger Wellenformen für die Emulation von Transpondern im Bahnbereich erläutert. Die Verschiebung der Umsetzung der Modulation von speziellen Hardwaremodulen (vgl. [7]) in die Signalverarbeitungseinheiten ermöglicht nicht nur die einfache Anpassung an unterschiedliche Übertragungsverfahren, sondern verringert die Ausfallwahrscheinlichkeit durch einen höheren Integrationsgrad der verwendeten Hardware. Durch den modularen Aufbau der Testumgebung gibt es nur wenige Einschränkungen bzgl. des Testkandidaten und des Testziels.

Literaturverzeichnis

1. ERA: System Requirement Specification , issue 2.3.0, ERTMS, 2010.
2. ERA: FFFIS for Eurobalise, issue 2.4.1. s.l., ERTMS, 2010.
3. ERA: Euroradio FIS issue 2.3.0. s.l., ERTMS, 2010.
4. ERA: FFFIS for Euroloop sub-system, issue 2.3.0. s.l., ERTMS, 2009.
5. ERA: Test Sequences, issue 2.3.1, ERTMS, 2009.
6. ERA: Functional Requirements for an On-board reference Test Facility, issue 2.0.2, ERTMS, 2009.
7. Willms, Martin: Entwicklung von Hardware- und Softwarekomponenten für ein DSP-System zur Anbindung eines Zugfahrzeugrechners an ein Bahnsimulationslabor über Eurobalisen. Braunschweig : s.n., 2006.
8. Ebrecht, Rumke: Verfahren zum Testen von Hardware- und/oder Softwaremodulkomponenten, DE102006018181A1 , 2006.

Modellbasierte Entwicklung einer Lichtsteuerung für ein Rapid Prototyping System

Dieter Nazareth und Christian Wurm

Fakultät für Informatik,
Hochschule Landshut, 84036 Landshut
`dieter.nazareth@fh-landshut.de`

Zusammenfassung. Die Hochschule Landshut bietet schon seit einigen Jahren den Bachelorstudiengang Automobilinformatik an. Ziel dieses Studiengangs ist es, den ständig steigenden Bedarf an Informatikern für die Steuergeräteentwicklung in der Automobilindustrie zu decken. Neben den klassischen Fächern der Informatik lernen die Studierenden die fahrzeugspezifischen Besonderheiten der Informatik und die Grundlagen des Automobilbaus. Um die Ausbildung möglichst praxisnah durchzuführen, wurde eine relativ einfache Fahrzeugfunktion modellbasiert für ein Rapid Prototyping System entwickelt. Dieses System sollte dann im Praktikum der Vorlesung Modellbasierte Entwicklung eingesetzt werden. Als Funktion wurde die Fahrlichtfunktion ausgewählt, die auf den ersten Blick sehr intuitiv verständlich ist, aber auf den zweiten Blick alle wesentlichen Aspekte und Herausforderungen einer typischen Fahrzeugfunktion bietet. Diese Funktion wurde mit der Werkzeugfamilie ASCET modellbasiert für das Rapid Prototyping System ES910 entwickelt. Als Demonstrationsfahrzeug wurde ein Modellauto im Maßstab 1:18 realitätsnah mit einer Lichtanlage ausgerüstet. Mittlerweile wurde das System mehrfach dupliziert und kann jetzt im Praktikumsbetrieb von mehreren Studierendengruppen verwendet werden.

1 Einleitung

Die Steuergerätesoftware in modernen Fahrzeugen hat eine Komplexität erreicht, die nur noch durch den Einsatz modernster Software Engineering Methoden beherrscht werden kann. Die Zeiten, in denen die Software für ein Steuergerät noch von Elektrotechnikern programmiert werden konnte, sind vorbei. Automotive Software hat sich als eigenständiges Produkt entwickelt, das konsequenterweise auch von Informatikern entwickelt werden muss. Die Hochschule Landshut hat diesen Trend schon seit vielen Jahren erkannt und bietet einen Bachelorstudiengang Automobilinformatik an, der die Studierenden befähigt, Automotive Software unter Verwendung neuester Techniken zu entwickeln. Um eine praxisnahe Ausbildung zu gewährleisten, sollte eine einfache Fahrzeugfunktion mit modernen Entwicklungsmethoden und -tools anschaulich umgesetzt werden. Die Fahrlichtfunktion ist auf den ersten Blick einfach zu verstehen, bietet aber durch

Zusatzfunktionen wie z.B. Abbiegelicht, Lampenausfallerkennung oder Ersatzlichtfunktion hinlängliche Komplexität, um alle Entwicklungsaspekte abzude-
cken. Das Ziel der Arbeit war deshalb die modellbasierte Entwicklung einer
Lichtsteuerung, welche die wesentlichen Fahrlichtfunktionen eines aktuellen Se-
rien PKWs umfasst.

2 Das Demonstrationsfahrzeug

Da das System später im normalen Praktikumsbetrieb verwendet werden sollte,
wurde auf die Verwendung eines echten Fahrzeugs verzichtet. Stattdessen wurden
Modellfahrzeuge im Maßstab 1:18 mit einer kompletten Lichtanlage ausgerüstet.
Dies hat den Vorteil, dass es im Labor verwendet und auch leicht transportiert
werden kann. Gegenüber einem einfachen Brettaufbau ist die Verwendung eines
Modellfahrzeugs optisch wesentlich anspruchsvoller. Die Lichter wurden alle in
LED Technologie realisiert. Dadurch konnte bei der Ansteuerung auf Leistungs-
elektronik verzichtet werden. Abbildung 1 zeigt einen geöffneten Audi Q5 mit
dem verlegten Kabelbaum.

Abb. 1. Kabelbaum des geöffneten Modells

Die Kabel verlaufen von den Anschlusspins am Fahrzeugunterboden zu den
einzelnen LEDs. Diese wurden detailgetreu an den Positionen angebracht, an
denen die Beleuchtungseinrichtungen auch am realen Straßenfahrzeug zu finden
sind. Folgende LEDs wurden verbaut:

- LED-Tagfahrlichtband links und rechts
- Xenon Leuchte links und rechts
- Nebelscheinwerfer links und rechts
- Blinker vorne links, vorne rechts, hinten links und hinten rechts

- Rücklicht links und rechts
- Bremslicht links und rechts
- Rückfahrlicht
- Nebelschlussleuchte
- Kennzeichenbeleuchtung

3 Modellbasierte Entwicklung und Rapid Prototyping

In weiten Teilen der Automobilsoftware hat die modellbasierte Entwicklung die reine C-Programmierung abgelöst. Hierbei wird versucht, in der frühen Phase auf Implementierungsdetails wie z.B. Integercodierungen zu verzichten. Es werden vorwiegend grafische Modellierungstechniken wie z.B. Datenflussdiagrammme oder Zustandsautomaten eingesetzt.

Dabei ist es für viele Funktionen wichtig, sie bereits in der frühen Entwicklungsphase im realen Fahrzeug zu erleben. Dies hilft Fehler in der Spezifikation zu vermeiden, deren Fortpflanzung in die Entwicklung schwerwiegend und teuer werden kann. Aus diesem Grund wird seit vielen Jahren versucht, die grafischen Modelle auf speziellen Hardwareplattformen in Echtzeit auszuführen. Dies wird in der Automobilindustrie als *Rapid Prototyping* bezeichnet. Auch in diesem Projekt wurde dieser Weg gewählt. Als Entwicklungswerkzeug wurde hierbei die ASCET Produktfamilie[1] von der ETAS GmbH eingesetzt. Zur Ausführung des Modells wurde die Rapid Prototyping Plattform ES910[2] der ETAS GmbH verwendet. Auf dieser Plattform wird ein OSEK Betriebssystem verwendet, das die Funktionen in Echtzeit steuern kann. Die ES910 ist über einen Ethernet Bus mit einem Notebook verbunden, so dass die Daten des Modells stimuliert, gemessen und verstellt werden können.

Neben der Ausführung des Modells in Echtzeit stellt auch die Anbindung des Modells an den technischen Prozess eine Schwierigkeit beim Rapid Prototyping dar. Die ES910 verfügt über keine Schnittstellen zum direkten Anschluss von Sensoren oder Aktuatoren. Es ist also nicht möglich, die LEDs des Modellfahrzeugs direkt mit dieser Plattform zu verbinden. Als Schnittstellen sind lediglich CAN oder LIN Bus vorhanden. In diesem Projekt wurde deshalb die Ein-/Ausgabe über den CAN Bus und dem Einsatz sogenannter CAN-I/O Module der Graf-Syteco GmbH & Co. KG realisiert[3].

Um den Ausfall einer Lampe simulieren zu können kann jede Leitung über einen Schalter getrennt werden. Dies wird über eine Unterbrechungsbox realisiert, die sich zwischen den Ausgängen der I/O Module und den Anschlüssen an den Modellfahrzeugen befindet. Abbildung 2 zeigt den Aufbau des Gesamtsystems.

---

[1] www.etas.com/de/products/ascet_software_products.php
[2] www.etas.com/de/products/es910_rapid_prototyping_module.php
[3] www.graf-syteco.de/html/deutsch/can-i-o-module.html

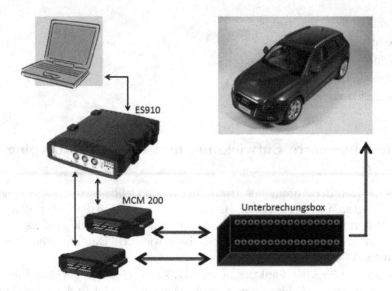

Abb. 2. Gesamtsystem

4   Lichtfunktionen

Ziel der Arbeit war es, alle Außenlichtfunktionen eines modernen Fahrzeugs zu entwickeln. Im einzelnen wurden folgende Funktionen modelliert:

- Standlichtfunktion
- Abblendlichtfunktion
- Fernlichtfunktion
- Lichthupenfunktion
- Tagfahrlichtfunktion
- Parklichtfunktion
- Abbiegelichtfunktion
- Bremslichtfunktion
- Rückfahrlichtfunktion
- Richtungsblinkfunktion
- Tippblinkfunktion
- Warnblinkfunktion
- Nebellichtfunktion
- Nebelschlussleuchtenfunktion
- Coming Home Funktion
- Leaving Home Funktion

Die meisten dieser Funktionen sind bekannt und werden deshalb nicht näher beschrieben. Im folgenden werden nur die weniger bekannten Funktionen beschrieben.

4.1   Coming Home und Leaving Home Funktion

Bei der Coming Home Funktion handelt es sich um eine Komfortfunktion. Sie dient der Ausleuchtung des Fahrzeugumfelds beim Verlassen des Fahrzeugs und wird durch die Verriegelung des Fahrzeugs aktiviert. Nach dem Ende des Verriegelungsblinkens wird das Standlicht aktiviert. Die Deaktivierung erfolgt automatisch, sobald eine einstellbare Zeit abgelaufen ist, sich die Position des Zündschlosses ändert oder das Standlicht mit dem Drehlichtschalter aktiviert wird.

Bei der Leaving Home Funktion handelt es sich um das Gegenstück zur Coming Home Funktion. Sie dient der Ausleuchtung des Fahrzeugumfelds beim Annähern an das Fahrzeug und wird durch das Entriegeln aktiviert. Nach dem Ende des Entriegelungsblinkens wird das Standlicht aktiviert. Nach Ablauf einer einstellbaren Zeit oder falls sich die Position des Zündschlosses ändert oder das Standlicht über den Drehlichtschalter aktiviert wird, wird die Funktion automatisch beendet.

4.2   Abbiegelichtfunktion

Das Abbiegelicht soll die Ausleuchtung des Fahrbahnrandes bei Abbiegevorgängen verbessern. Bei eingeschaltetem Fahrlicht wird bei Betätigen des Blinkhebels der Nebelscheinwerfer auf der jeweiligen Seite eingeschaltet. Das Ausschalten des Nebelscheinwerfers erfolgt lenkwinkelgesteuert. Über den Lenkwinkel wird erkannt, wann der Abbiegevorgang beendet ist.

4.3   Tippblinkenfunktion

Bei einem Spurwechsel möchte man normalerweise nur einige wenige Male blinken. Da kein Abbiegevorgang erfolgt, funktioniert hier auch die automatische Deaktivierung des Blinkens nicht. Deshalb haben moderne Fahrzeuge oft eine Tippblinkenfunktion. Der Blinkerhebel hat dabei auf jeder Seite zwei Druckpunkte. Wird der Blinkerhebel kurz zum ersten Druckpunkt bewegt, erfolgen auf der jeweiligen Seite Blinksignale. Die Anzahl der Hellphasen wird mit einem Parameter festgelegt. Als Standardwert findet man bei den meisten Fahrzeugen den Wert 3.

4.4   Ausfallerkennung

In modernen Fahrzeugen wird heutzutage der Ausfall der Fahrlichtlampen überwacht. Wird ein Ausfall erkannt, dann wird der Fahrer darüber informiert. Teilweise wird dann die gewünschte Lichtfunktion mit einer anderen Lampe realisiert.

Bei der Ausfallerkennung unterscheidet man zwei verschiedene Ansätze: Bei der so genannten Warmdiagnose wird während der Ansteuerung eines Leuchtmittels dessen Funktion überprüft. Bei der Kaltdiagnose dagegen wird auch, während ein Leuchtmittel inaktiv ist, die Funktionstüchtigkeit überprüft. Damit kann der Fahrer bereits vor der Aktivierung einer Lichtfunktion über einen Lampenausfall informiert werden. In der Arbeit wurde sowohl die Warm- als auch die Kaltdiagnose implementiert.

4.5   Ersatzlichtfunktion

Basierend auf den Ergebnissen der Ausfallerkennung wird in der Ersatzlichtfunktion versucht, das defekte Leuchtmittel durch ein anderes zu ersetzen. Im Fall eines erkannten Defekts der Blinkerleuchten vorne und hinten, der Rückleuchten links und rechts sowie der Bremsleuchten links und rechts, übernimmt jeweils ein anderes Leuchtmittel ersatzweise die Funktion des defekten Leuchtmittels.

Wird der Ausfall des Blinkers vorne links bzw. rechts erkannt, so wird stattdessen der Nebelscheinwerfer links bzw. rechts als Ersatz angesteuert. Das Rücklicht übernimmt mehrere Ersatzlichtfunktionen: Wird der Ausfall des Blinkers hinten links bzw. rechts erkannt, so wird ersatzweise das linke bzw. rechte Rücklicht angesteuert. Zusätzlich übernimmt das Rücklicht auf der jeweiligen Seite die Funktion des Bremslichts, falls dieses als defekt erkannt wird. Dazu wird die Helligkeit des Rücklichts erhöht.

5   Modell der Lichtsteuerung

5.1   Architektur

Das Modell der Lichtsteuerung wurde in einer *Schichtenarchitektur* aufgebaut und umfasst insgesamt 5 Schichten (siehe Abbildung 3). Die oberste Schicht realisiert die Bedienelemente, welche vom Benutzer betätigt werden. Die 2. Schicht beinhaltet sämtliche Lichtfunktionen, die nach Leuchtmitteln gruppiert sind. Zusätzlich findet hier die Ausfallerkennung statt. Erkannte Lampenfehler werden in der darunterliegenden Schicht, der Ersatzlichtdarstellung, behandelt. Das Modul CAN I/O realisiert die Verarbeitung der Nutzdaten der CAN Botschaften. In der untersten Schicht, der Hardware Configuration, sind die CAN Frames sowie die physikalischen Eigenschaften des verwendeten CAN Busses hinterlegt.

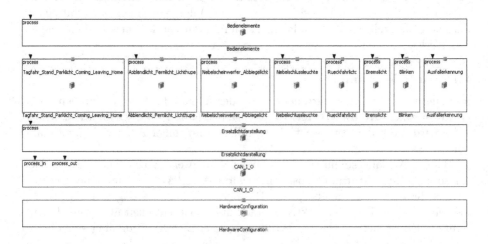

Abb. 3. Softwarearchitektur der Lichtsteuerung

5.2 Module

Alle Rechtecke der Architektur sind sogenannte *Module*. Alle Module stellen als Interface sogenannte *Prozesse* zur Verfügung. Diese Prozesse werden dann bei der Konfiguration des Echtzeitbetriebssystems den Tasks zugeordnet. Die Kommunikation zwischen den Modulen erfolgt durch sogenannte *Messages*. Messages sind globale Variablen, die zum Schutze vor Inkonsistenzen durch Taskunterbrechungen bei Bedarf automatisch auf modullokale Variablen umkopiert werden. Dadurch wird sicher gestellt, dass sich der Wert einer Variable auch durch Unterbrechung durch eine höher priorisierte Task während des Prozessablaufes nicht verändert.

5.3 Klassen

ASCET erlaubt eine objektbasierte Modellierung. Dazu stellt es ein Klassenkonzept zur Verfügung. Mit Drag und Drop können dann aus den Klassen Objekte erzeugt werden. Es gibt allerdings keine Möglichkeit, dynamisch durch einen `new()` Operator Objekte zu erzeugen. In der Steuergerätesoftware wird üblicherweise jegliches dynamische Konzept verboten. Nur damit kann der Ressourcenbedarf eines Steuergeräts exakt berechnet werden.

Das Klassenkonzept wurde in der Lichtsteuerung zum Beispiel zur Modellierung der Bedientaster verwendet. Abbildung 4 zeigt einen Ausschnitt des Moduls Bedienelemente mit den beiden Objekten `Bedientaster_Nebelschlussleuchte` und `Bedientaster_Warnblinker`.

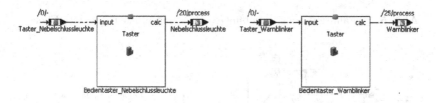

Abb. 4. `Bedientaster_Nebelschlussleuchte` und `Bedientaster_Warnblinker`

5.4 Zustandsautomaten

Zur Modellierung von diskreten, zustandsbasierten Funktionen, wie sie häufig in der Karosserieelektronik vorkommen, eignen sich Zustandsautomaten sehr gut. ASCET stellt hier sogenannte *hierarchische Zustandsautomaten* zur Verfügung. Diese erlauben, dass ein Zustand eines übergeordneten Automaten wieder durch einen Automaten modelliert werden kann.

In der Lichtsteuerung wurden beispielsweise die Blinkfunktionen mit Zustandsautomaten modelliert. Abbildung 5 zeigt die oberste Hierarchie des Automaten. Die Zustände mit einer Doppellinie sind Zustände, die wiederum durch einen darunterliegenden Automaten modelliert sind.

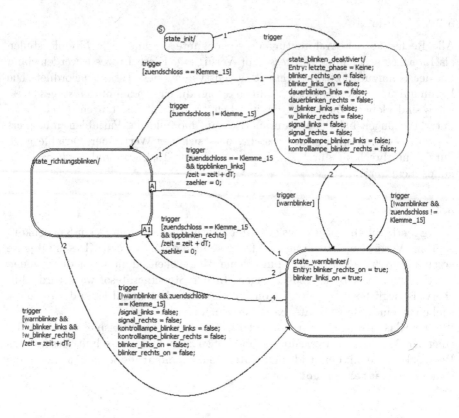

Abb. 5. Zustandsautomat Warnblinken, Richtungsblinken – oberste Ebene

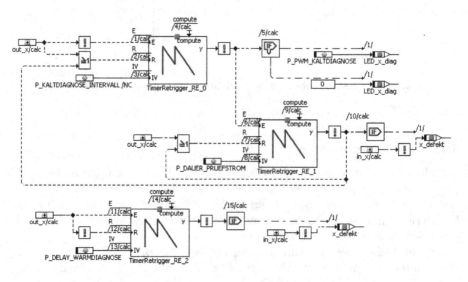

Abb. 6. Blockdiagramm Klasse `Diagnose_PWM_Ausgang`

5.5 Daten- und Kontrollflussdiagramme

Die Spezifikation des Verhaltens von Methoden oder Prozessen lässt sich in ASCET durch sogenannte *Blockdiagramme* realisieren. Mit diesen Diagrammen kann man den Daten- und Kontrollfluss spezifizieren. Abbildung 6 spezifiziert den Daten- und Kontrollfluss der Methode calc() aus der Klasse Diagnose_-PWM_Ausgang.

5.6 Echtzeitbetriebssystem

Um Rapid Prototyping zu ermöglichen, müssen die ganzen Modelle in Echtzeit ausgeführt werden. Die zeitliche Steuerung übernimmt dabei ein OSEK-konformes Echtzeitbetriebssystem. In diesem werden die Tasks mit ihren Zykluszeiten und Prioritäten festgelegt. Abbildung 7 zeigt die Tasks mit den Eigenschaften, wie Zykluszeit und Priorität und die Prozesse der Module, wie sie den Tasks zugeordnet werden. Die Task Logic wurde als COOPERATIVE spezifiziert. Damit können die Prozesse der Task nicht unterbrochen werden. Ein Taskwechsel kann nur zwischen zwei Prozessen erfolgen.

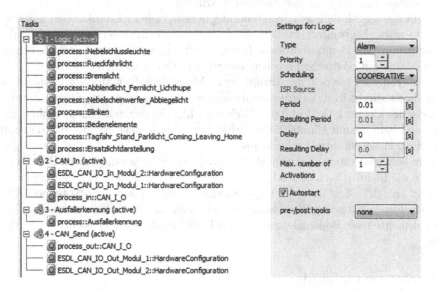

Abb. 7. Spezifikation des Echtzeitbetriebssystem

5.7 Parametrierung

Parameter sind eine Besonderheit von Steuergeräten. Sie sind ein Zwitter aus Konstante und Variable. Das Programm selbst kann diese nur lesen, aber nicht verändern. Eine Veränderung kann nur von der Umgebung des Steuergerätes erfolgen. Dies erfolgt durch sog. Kalibrier- oder Diagnosewerkzeuge. Damit kann das Verhalten einer Funktion nachträglich verändert werden, ohne die Software verändern zu müssen.

Das Modell der Lichtsteuerung ist hochgradig parametriert. Es enthält über 60 Parameter, mit denen sich das Verhalten der einzelnen Funktionen auf das jeweilige Fahrzeug oder den Fahrer anpassen lässt. Dies sind insbesondere alle Zeiten, wie z.B. die Leuchtzeiten bei Coming Home oder Leaving Home. Auch die Anzahl der Blinkvorgänge beim Tippblinken kann über einen Parameter verändert werden.

6   Zusammenfassung und Ausblick

Mittlerweile wurden 8 Fahrzeuge im Maßstab 1:18 mit einer Lichtanlage aus-gerüstet und 8 I/O Boxen gebaut. Diese werden im Praktikum der Vorlesung Modellbasierte Entwicklung verwendet, um das in der Vorlesung gelernte in die Praxis umzusetzen. Den Studierenden wird dabei ein vorbereitetes Projekt zur Verfügung gestellt, das bereits die untersten beiden Schichten enthält, über die die gesamte CAN Kommunikation realisiert ist. Als Schnittstelle steht dabei für jede Lampe eine ASCET Message zur Verfügung.

Obwohl das Modell der Lichtsteuerung bereits viele Lichtfunktionen umfasst, könnte es noch erweitert werden. Eine interessante Erweiterung wäre z.B. die Ausrüstung des Demonstrationsfahrzeugs mit einem Helligkeitssensor. Damit könnte eine automatische Fahrlichtsteuerung realisiert werden.

Sinnvoll wäre es auch, die Anzahl der I/O Module auf ein Modul zu reduzieren und dieses direkt in das Demonstrationsfahrzeug zu integrieren. Optimal wäre, ein eigenes kleines I/O Modul mit CAN oder LIN Schnittstelle für die Fahrzeuge zu entwickeln. Damit könnte die Unterbrechungsbox kleiner gestaltet werden und das System würde insgesamt kompakter.

Im jetzigen System sind zwar die Leuchtmittel real, aber die ganzen Bedienele-mente wie Lichtdrehschalter oder Blinkerhebel sind nur simuliert. Die Bedienung erfolgt ausschließlich über die Experimentieroberfläche auf dem Notebook. Um die Realitätsnähe zu steigern wäre es auch denkbar, anstatt der virtuellen Be-dienelemente reale Bedienelemente in das Rapid Prototyping System zu integrie-ren.

Literaturverzeichnis

1. Schäuffele, Jörg; Zurawka, Thomas: Automotive Software Engineering: Grundlagen, Prozesse, Methoden und Werkzeuge effizient einsetzen. 3. aktualisierte und verbes-serte Auflage, Vieweg+Teubner Verlag, 2006
2. Zimmermann, Werner; Schmidgall, Ralf: Bussysteme in der Fahrzeugtechnik. 2. ak-tualisierte und erweiterte Auflage. Wiesbaden: Friedr. Vieweg & Sohn Verlag, GWV Fachverlage GmbH, 2007.
3. Wallentowitz, Henning; Reif, Konrad (Hrsg.): Handbuch Kraftfahrzeugelektronik. 1. Auflage. Wiesbaden: Friedr. Vieweg & Sohn Verlag, GWV Fachverlage GmbH, 2006.

Zeitkritische Kommunikation für drahtlose Fernwartungssysteme

Frank Weichert, André Weiskopf und Andreas Wenzel

Fraunhofer-Anwendungszentrum Systemtechnik
98693 Ilmenau
frank.weichert@iosb-ast.fraunhofer.de

Zusammenfassung. Dieses Papier beschreibt eine Möglichkeit, zeitkritische Kommunikation über eine latenzbehaftete Drahtloskommunikation zu realisieren. Es werden die Struktur und die anwendungsspezifische Implementation einer Fernwartungstechnologie auf Basis von GPRS an ein CANopen-basiertes Steuerungssystem dargestellt. Die Technologie besteht aus einem mikrocontrollerbasierten Modul, einem Fernwartungsserver und einer Wartungssoftware für PC. Das Kernthema der Arbeit ist die Entwicklung einer anwendungsspezifischen Protokollkommunikation unter Beachtung von echtzeitkritischen Dialogen.

1 Einleitung

Moderne digitale Steuerungssysteme in der Automatisierung oder in Fahrzeugen besitzen eine Vielzahl unterschiedlicher Module, die z.B. über CAN-Bus miteinander verbunden sind. Ein solches System besteht aus einzelnen CAN-Nodes die verschiedenste Aufgaben im Gesamtsystem realisieren. Dies sind zum Beispiel Motorsteuerungen, Eingabemodule (z.B. Joysticks), Module zur Messsignalaufnahme sowie Module für Zusatzfunktionen und Spezialanwendungen. Durch den hohen Softwareanteil und die vielfältigen Parametriermöglichkeiten werden Fernwartungssysteme zur Betreuung solcher Systeme zunehmend notwendig.

Die dazu entwickelte Fernwartungstechnologie „FETS" (Flexible Embedded Telemetry System) soll hier am Beispiel der Fernwartung für Elektrorollstühle erklärt werden. Die hier untersuchten Rollstuhlsysteme kommunizieren auf Basis von CAN. In dem System gibt es zudem einen CAN-Node, der das gesamte System verwaltet, steuert und überwacht. Diese Hauptsteuerfunktion, im Folgenden „Masterfunktion" genannt, ist in der Motorsteuerung der Fahrmotoren integriert. In Abbildung 1 ist ein solches Rollstuhlsteuerungssystem auf Basis eines CAN-Busses schematisch dargestellt.

2 Systemüberblick

Die entwickelte Fernwartungstechnologie besteht aus den 3 Komponenten Remotebox, Fernwartungsserver und Wartungssoftware für den Fernwartungs-PC.

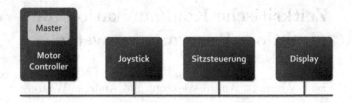

Abb. 1. Schema eines Rollstuhl-Bussystems

Die **Remotebox** ist ein spezielles Modul, das direkt über den CAN-Bus mit den fernzuwartenden Systemen oder Modulen kommuniziert, diese parametriert oder Messwerte ausliest. Hierzu wird ein mikrocontrollerbasiertes Modul verwendet, das die zeitkritische Kommunikation auf dem CAN realisiert und für die GPRS-basierte Kommunikation zum Fernwartungsserver verantwortlich ist. Innerhalb der FETS-Technologie wurde eine modulare Software entwickelt. Durch Anpassung der entsprechenden Hardware ist die Software zudem sehr leicht auf verschiedene Controllerplattformen zu portieren. Dies ist stark von den notwendigen Randbedingungen des Nutzsystems (z.B. dem Zeitverhalten, notwendige Rechenleistung), mit dem die Fernwartungstechnologie arbeiten soll, abhängig.

Bei dem **Fernwartungsserver** handelt es sich um einen zentralen Server, der die Kommunikation zwischen verschiedenen Remoteboxen und den Fernwartungs-PC's realisiert sowie als Datenbankserver genutzt werden kann. Er stellt die zentrale Kommunikation zwischen den Remoteboxen und den Fernwartungs-PC's dar. Zudem können über diesen Server die Remoteboxen und die Fernwartungs-PC's jeweils den neuesten Softwarestand herunterladen. Über die integrierten Autoupdatefunktionen bleibt die Firmware der Remotebox und die Software der Fernwartungs-PC's stets auf aktuellstem Stand. Hierdurch ist gesichert, dass keine verschiedenen Softwareversionen genutzt werden, was die Pflege des Systems wesentlich vereinfacht.

Der **Fernwartungs-PC** ist ein PC, auf dem sich die dazugehörige Software befindet. Hierüber wird dem Servicepersonal eine Möglichkeit gegeben, sich mit dem fernzuwartenden System zu verbinden. Über eine Nutzeridentifizierung ist es zudem möglich, den Wartungszugang personenspezifisch zu gestalten. Diese Nutzerauthentifizierung erfolgt ebenfalls am Fernwartungsserver.

In Abbildung 2 ist das gesamte Fernwartungssystem schematisch dargestellt.

In dem System wurde ein **Client-Server-Modell** realisiert, wobei die Remoteboxen und Fernwartungs-PC's als Clients mit dem Fernwartungsserver interagieren. Eine eigens entwickelte Serverapplikation bildet das Kernstück des Servers. Diese nimmt die Verbindungsanfragen der Clients entgegen, realisiert die Authentifizierung und leitet Nachrichtenpakete an miteinander verbundene Clients weiter. Spezielle Nachrichteninhalte können in einer Datenbank gespeichert werden. Sobald ein Fernwartungs-PC mit einer Remotebox verbunden wurde, besteht über dem Server eine transparente Verbindung. Der Server tritt als zentraler Vermittler auf.

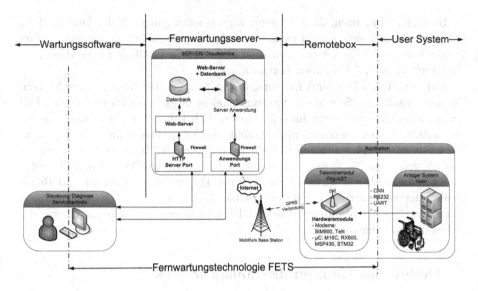

Abb. 2. Systemüberblick

3   Problemstellung

Die Hauptaufgabe besteht darin, die zeitkritische Datenkommunikation zwischen CAN-Bus und Fernwartungsbox mit der latenzbehafteten GPRS-Kommunikation zum Server und damit dem Fernwartungs-PC zu vereinen sowie die Systemsicherheit auch bei Datenverlust und Kommunikationsausfall sicherzustellen. Zur problemlosen Abarbeitung zeitkritischer Befehlsfolgen ist die genaue Latenz der Datenübertragung von Bedeutung.

In Abbildung 3 ist ein Histogramm dargestellt, das die typischen Latenzen der Paketdatenübertragung vom Aussenden einer Nachricht bis zum Eintreffen der Antwort zeigt.

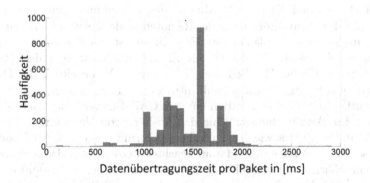

Abb. 3. Histogramm der Paketdatenübertragung

Hier ist zu beachten, dass die gemessene Übertragungszeit der Dialoge $2 \cdot \tilde{t}_d$ ist. Somit ergibt sich eine durchschnittliche Übertragungszeit zwischen Wartungssoftware und Remotebox von rund 750 ms. In Einzelfällen kann diese Zeit aber auch bis zu 1,5 Sekunden betragen.

Auf dem CAN-Bus sind für verschieden priorisierte Prozesse verschiedene Timeouts realisiert. Sobald ein Timeout erreicht ist, können im einfachsten Fall Fehlermeldungen auftreten, im schlimmsten Fall kann sich das System aus Sicherheitsgründen auch vollständig Abschalten oder Fehlhandlungen verursachen. Die minimalsten Timeouts bei den oben erwähnten Elektrorollstühlen liegen im Bereich von etwa 20-50 ms. Für den klassischen Service-Data-Objekt-Transfer (SDO-Transfer) liegen Timeouts bei 250 ms. Das bedeutet: Fast alle zur Realisierung der Fernwartung genutzten Befehle sind an bestimmte Reaktionszeiten gebunden. Die Kommunikation über GPRS ist allerdings zu langsam, um die Daten nur zu tunneln.

4   Design des Kommunikationsprozesses

4.1   Struktur des Kommunikationsprozesses

Zur Lösung dieser zeitlichen Divergenz wurde daher eine Makrosprache entwickelt, welche zeitkritische Operationen geschlossen abarbeitet. Diese neu geschaffene Protokollschicht ist in allen 3 Komponenten des Fernwartungssystems umgesetzt. Für zeitkritische Prozesse werden somit verschiedenste Dienste in der Remotebox zur Verfügung gestellt. Zur Sicherstellung der ungestörten Funktion der fernzuwartenden Systeme wurde ein für das Fernwartungssystem entwickelter Kommunikationsprozess implementiert. Neben den Makrobefehlen werden auch Daten, wie etwa eine neue Firmwareversion für einen CAN-Node, übertragen.

In Abbildung 4 ist der entwickelte Kommunikationsprozess schematisch dargestellt.

Ein Kommunikationsprotokoll für eine GPRS-Verbindung besteht im Normalfall lediglich aus einem „TCP Socket". Dieser wurde um einen „Action Manager" sowie einen „Packet Manager" erweitert, um eine sichere Datenübertragung zu gewährleisten und die gesamte Abarbeitungszeit zu minimieren.

Der **„Action Manager"** ist in der Remotebox, der Serveranwendung und in der Wartungssoftware implementiert. Er stellt Dienste für das Auslösen und Abarbeiten von Macros und Befehlen bereit. Er ist somit für die eigentliche Reaktion des Systems zuständig. Das bedeutet, er ist für die Verarbeitung der Daten in der Wartungssoftware, für Datenbankeinträge im Server sowie in der Remotebox für die zeitkritische Kommunikation auf dem CAN-Bus verantwortlich. Typische Aufgaben des „Action Manager" sind das Auslesen von Messwerten, das Setzen neuer Parameterwerte sowie der Upload neuer Firmware in ein CAN-Node. Beim Design solcher Vorgänge muss darauf geachtet werden, dass das fernzuwartende System während der Ausführung stets in einem sicheren Zustand betrieben wird. Aufgrund der auftretenden Latenzen bei der GPRS-basierten Kommunikation sollte die Anzahl der Dialoge zwischen Remotebox und Fernwartungs-PC

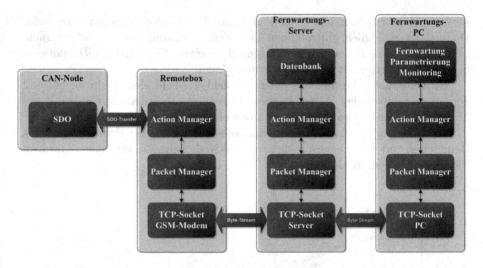

Abb. 4. Struktur des Kommunikationsprozesses

auf ein Minimum beschränkt werden. Die Zeit zur vollständigen Abarbeitung einer Action aus dem Fernwartungs-PC lässt sich abschätzen mit:

$$\widetilde{t}_a = 2\,n_d\,\widetilde{t}_d + t_e \tag{1}$$

Hierbei ist $\widetilde{t}_a$ die durchschnittliche Gesamtabarbeitungszeit, n_d die Anzahl der Dialoge zwischen Remotebox und Fernwartungs-PC, $\widetilde{t}_d$ die durchschnittliche Latenz der GPRS-Kommunikation und t_e die Abarbeitungszeit der Remotebox auf das fernzuwartende System. Die Abarbeitungszeit t_e ist in den meisten Fällen im Vergleich zu $\widetilde{t}_d$ so gering, dass sie mit 0 angenommen werden kann.

Der „**TCP Level**" ist in PC und Server durch den TCP/IP-Socket und in der Remotebox in der Firmware des Modems realisiert. Obwohl die TCP-Verbindung eine sichere Datenverbindung unterstützt, müssen bei der Systemauslegung einige Einschränkungen beachtet werden. Durch Verbindungsabbruch kann es jederzeit zu Datenverlust kommen. Ein weiterer Grund für Datenverlust liegt in zu großen Datenmengen in Verbindung mit begrenztem Speicher in eingebetteten Modem und Mikrocontroller. Dadurch ist es möglich, dass am Modem mehr Daten vorhanden sind als verarbeitet werden können. Im schlimmsten Fall kommt es dadurch zu Bufferüberläufen und damit zu Datenverlust. Die Nutzung von Software-Handshakes ist in diesem Fall nicht sinnvoll, da jeder Softwarehandshake auch die Anzahl der Dialoge n_d und damit die Abarbeitungszeit $\widetilde{t}_a$ erhöht.

Um dem entgegenzuwirken wurde ein zusätzlicher „**Packet Manager**" zwischen „Action Manager" und „TCP Socket" implementiert. Er unterteilt den Datenstrom des „Action Managers" in einzelne Datenpakete und fügt diesen Datenpaketen spezielle Control-Bytes hinzu bzw. entfernt diese wieder. Der „Packet Manager" ist zudem für die Identifizierung von Datenverlust (durch Verbindungsabbruch oder Speicherüberläufe in der Hardware) des darunter liegenden TCP-

Level verantwortlich, indem er die Pakete auf die Control-Bytes hin untersucht. Dadurch ist es möglich, auftretenden Datenverlust zu identifizieren und geeignete Maßnahmen (z.B. Paketwiederholungen) einzuleiten. Es ist somit nicht notwendig, den kompletten Datenstrom erneut zu laden.

Ein Datenpaket besteht aus einem Infofeld, ID-Feld, dem Makrobefehl und den zu übermittelnden Daten. In diese Datenpakete werden die Control-Bytes über Stuffing- bzw. Destuffingalgorithmen eingefügt bzw. heraus gefiltert.

In Abbildung 5 ist der Kommunikationsablauf zwischen Fernwartungs-PC, Remotebox und einem angesprochenen CAN-Node beim Auslesen eines einzelnen Parameters schematisch dargestellt.

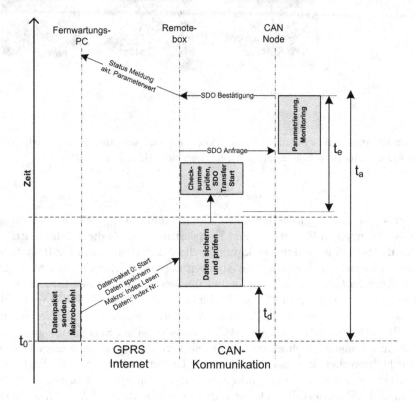

Abb. 5. Zeitlicher Ablauf beim Auslesen eines Parameters vom PC zum CAN-Node

Der Server ist hier nicht aufgeführt, da er in diesem Fall nur als Vermittler fungiert. Es ist aber mit dieser Struktur auch möglich, auf gleiche Weise Daten in die Datenbank des Servers einzutragen.

4.2   Kommunikation bei großen Datenmengen

Im Folgenden soll das Systemverhalten unter Nutzung größerer Datenmengen vorgestellt werden. Typischerweise werden hierzu 2 Varianten genutzt. In Abbildung 6 sind beide dargestellt. Bei Variante a) wird eine Bestätigung nach jedem Datenpaket gesendet und erst danach das nächste Paket versendet. Bei Variante b) werden erst alle Datenpakete nacheinander versendet und erst nach dem Zusammenfügen der Daten wird bestätigt.

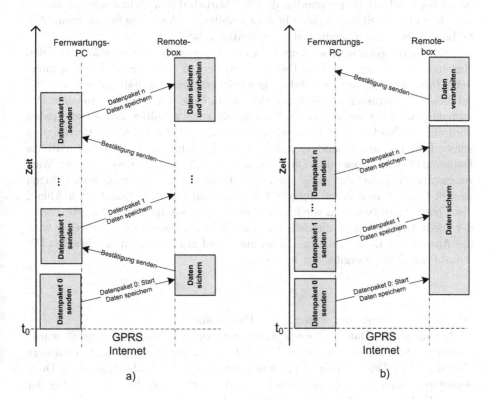

Abb. 6. Übersicht Kommunikationsstrukturen

Variante a hat den Nachteil, dass bei der Nutzung von GPRS die Zeit zur Übertragung der gesamten Daten sehr groß wird. Der Vorteil dieser Art der Datenübertragung besteht darin, dass jedes Datenpaket eine Bestätigung sendet und Probleme in der Übertragung somit sofort identifiziert werden können. Ein Problem bei Variante b entsteht, wenn ein Datenpaket zwischendurch verloren geht. In diesem Fall muss der gesamte Datenstrom wiederholt werden, was ebenfalls zu einer großen Übertragungszeit $\tilde{t}_d$ führt.

Die Lösung liegt in einer Kombination beider Varianten. Diese Kommunikationsstruktur soll im Folgenden am Beispiel eines Firmwareupdates auf einen CAN-Node erläutert werden.

Um über den CAN-Bus auf einen CAN-Node eine neue Firmware aufzuspielen muss folgender Ablauf eingehalten werden: fernzuwartendes System in einen sicheren Zustand versetzen, Kommando- und Datensequenz für die neue Firmware an CAN-Node senden, Neustart der CAN-Nodes. Zur Datenübertragung auf dem CAN-Bus wird dazu ein SDO-Transfer genutzt. Dabei handelt es sich um bestätigte Nachrichten, die eine direkte Kommunikation zwischen beiden CAN-Nodes (Remotebox, zu programmierender Node) herstellt.

Zuerst muss dazu die neue Firmware im Flash der Remotebox gesichert werden. Dieser Schritt ist notwendig, da ein Abbruch durch nicht eingehaltene Timeouts zu irreversiblen Schäden in dem jeweiligen CAN-Node führen kann. Abbildung 7 stellt den Datentransfer schematisch dar.

Die Wartungssoftware sendet zuerst eine Kommandosequenz gefolgt von den einzelnen Datenpaketen. Diese Datenpakete werden dekodiert und in den internen Flash-Speicher der Remotebox geschrieben. Dazu enthält jedes Paket zusätzlich Informationen zur Speicheradresse. Im Falle des Verlustes einzelner Datenpakete wird der entsprechende Speicherplatz frei gehalten. Jedes Datenpaket wird anschließend von der Remotebox bestätigt. Allerdings hat die Bestätigung keinen Einfluss auf das Sendeverhalten. Bei aufgetretenem Datenverlust wird das Datenpaket erneut gesendet. Dazu wurde ein zusätzliches Timeout in der Wartungssoftware eingeführt, was auf die einkommenden Bestätigungsmeldungen wartet. Sollte Datenverlust aufgetreten sein, wird das Datenpaket nach Ablauf des Timeouts automatisch wiederholt. Die Remotebox speichert dann die Daten der wiederholten Pakete ebenfalls im Flash-Speicher. Durch diese Prozedur wird die Anzahl der Dialoge n_d aus Gleichung 1 auf ein Minimum beschränkt. Die Anzahl der Dialoge ergibt sich hierbei zu:

$$n_d = 2 \cdot (1 + n_e) \tag{2}$$

mit n_e gleich Anzahl der wiederholten Datenpakete.

Nachdem alle Datenpakete bestätigt und die Checksumme geprüft wurde startet die Remotebox den zweiten Schritt. Dabei wird die gesicherte Firmware über den CAN-Bus auf den zu programmierenden CAN-Node aufgespielt. Dazu wird das System in einen sicheren Zustand versetzt und die Übertragung der Daten der Firmware als Service Daten Objekte gestartet. Bei größeren Firmwaredaten kann dieser Transfer bis zu 100.000 CAN-Nachrichten betragen. Dieser Transfer ist unabhängig von weiterer Kommunikation mit der Wartungssoftware. Periodisch werden Statusmeldungen an die Wartungssoftware zurück gesendet.

5   Ergebnisse

Es zeigt sich, dass ein einfaches Weiterleiten der Daten über die GPRS-Verbindung nicht möglich ist. Um eine effiziente Kommunikation über das Fernwartungssystem zu realisieren, sollte der Dialogaufwand zudem minimiert werden, um die Akkumulation langer Wartezeiten zu verhindern.

Die Lösung liegt darin, das System um eine spezielle Protokollschicht zu erweitern, die sowohl in der Remotebox als auch in dem Fernwartungs-PC realisiert ist. Diese hat die Aufgabe, zeitkritische Kommandoabfolgen (Actions) in Paketen zusammenzufassen und in der Remotebox zu sammeln, um dadurch die zeitkritische Kommunikation mit dem fernzuwartenden System zu gewährleisten.

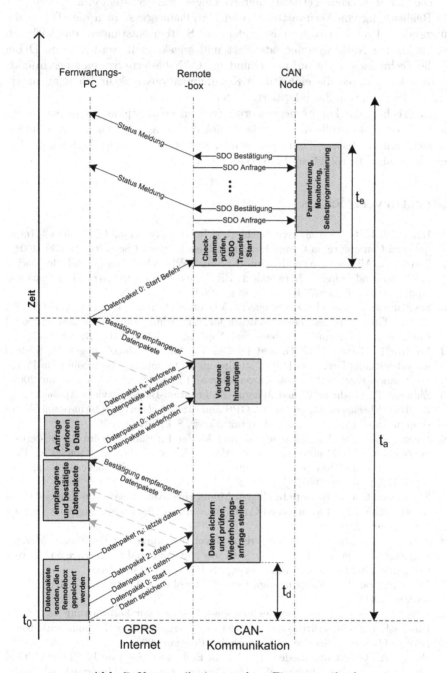

Abb. 7. Kommunikationsstruktur Firmwareupload

Die hier entwickelte Fernwartungtechnologie „**FETS**" stellt einen Ansatz für die Realisierung von Fernwartungs- und Ferndiagnosesystemen dar. Durch die entstandene Protokollstruktur ist zudem ein System entstanden, das leicht an verschiedenste Nutzersysteme adaptiert und angekoppelt werden kann. Dabei ist die Technologie nicht auf radgebundene, CAN-basierte Systeme beschränkt, sondern kann durch die einheitliche Kommunikationsstruktur leicht an unterschiedliche Schnittstellen adaptiert werden.

Die Technologie konnte bereits erfolgreich in Feldtestphasen europaweit am Beispiel von Elektrorollstühlen sowie als Lokalisierungs- und Diagnosemodul für Pedelecs am Rennsteig/Thüringer Wald getestet werden. Die Technologie hat sich dabei als sehr robust und zuverlässig erwiesen.

Literaturverzeichnis

1. Herrtwich R. G.: Automotive Telematics- Road Safty versus IT Security? „International Conference on Computer Safty, Reeliability and Security", S. 239, 2004
2. Touati Y., Ali-Cherif A. and Achili B.: Smart Wheelchair Design and Monitoring via Wired and Wireless Networks „IEEE Symposium on Industrial Electronics & Applications", S920-925, Kuala Lumpur 2009
3. Sevillano J. L., Cascado D., Cagigas D., Vicente S., Lujan C. D. and Diaz del Rio F.: A Real-Time Wireless Sensor Network for Wheelchair Navigation. „International Conference on Computer Systems and Applications", S 103-109, Rabat 2009
4. Lobardi P., Giaconia C. G. and Di Dio V.: An Embedded Diagnostic System for Wheelchairs Brushless Drives Monitoring „International Symposium on Power Electronics, Electrical Drives, Automation and Motion", S28-32, Taormina, 2006
5. Zhihong T., Jinsheng Y. and Jianguo Z.: Location-Based Services Applied to an Electric Wheelchair Based on the GPS and GSM Networks „International Workshop on Intelligent Systems and Applications", S.4 ff, Wuhan 2009
6. Wenzel A., Gehr A., Glotzbach T. and Müller F.: Superfour-in: An all-terrain Wheelchair with Monitoring Possibilities to Enhance the Life Quality of People with Walking Disability „52nd Internationales Wissenschaftliches Kolloquium", S.407-412, Ilmenau, 2007
7. Zhu Z. and Cui R.: Remote Intelligent Monitoring System Based on Embedded Internet Technology „International Conference on Automation and Logistics", S2665-2669, Jinan, 2007
8. Pan J., Li S. and Wu Z.: Towards a Novel In-Community Healthcare Monitoring System Over Wireless Sensor Networks „International Conference on Internet Computing in Science and Engineering", S.160-165, Harbin, 2008
9. Boterenbrood H.: CANopen: High-Level Protocol for CAN-Bus. „NIKHEF", Amsterdam, 2000.
10. Guß Chr.: Entwurf und Entwicklung eines Systems zur Fernwartung von CAN-Bus-basierten echtzeitkritischen E-Rollstuhlsteuerungen über Kommunikationsnetze ohne Quality of Service „Diplomarbeit", Ilmenau 2009
11. Wenzel A., Guss Chr., Biederstädt A.: An Embedded Solution For Time Critical Maintenance Tasks Through Wireless Communication „5th International Conference on Electrical and Control Technologies", Caunus 2010

Strukturierung von Multimediasystemen für Fahrzeuge

Andreas Knirsch, Sergio Vergata und Joachim Wietzke

In-Car Multimedia Labs, Fachbereich Informatik
Hochschule Darmstadt, 64295 Darmstadt
{andreas.knirsch|sergio.vergata|joachim.wietzke}@h-da.de

Zusammenfassung. In aktuellen Fahrzeugen gewinnen Unterhaltungs-
und Informationssysteme immer mehr an Bedeutung. Längst werden diese bei der Kaufentscheidung mit berücksichtigt, da sie durch ihre starke
Vernetzung mit dem Fahrzeug nicht mehr durch Produkte von Sekun-
därmärkten ersetzt werden können. Solche automobilen Multimediasys-
teme müssen sowohl Forderungen hinsichtlich Verlässlichkeit aufgrund
ihres Einsatzes über einen langen Zeitraum in einem sicherheitsrelevanten Umfeld, als auch nach umfangreichen und vielseitigen Funktionalitäten erfüllen. Dies beinhaltet auch unterschiedliche zeitliche Anforderungen. Dabei wird der Softwareanteil in hoher Arbeitsteilung implementiert
und ist auf eine gemeinsame Plattform zu integrieren. Zukünftig werden
Fahrzeuge selbst zu aktiven Netzwerkknoten, was auch eine zusätzliche
Dynamik hinsichtlich der Funktionalitäten ermöglicht. Hieraus ergeben
sich Risiken, die durch eine gemeinsame Infrastruktur abgemildert werden können.
Anhand des im Folgenden vorgestellten Software-Framework OpenICM
wird auf die zugrunde liegenden Probleme und entsprechende Lösungs-
konzepte eingegangen. Dabei steht die Vermittlung dieser Konzepte in
der Hochschulausbildung im Vordergrund.

1 Einleitung

In aktuellen Fahrzeugen nimmt die Bedeutung von Software kontinuierlich zu.
Der Wettbewerbsvorteil eines Herstellers hängt immer mehr von überzeugenden
Funktionalitäten ab, die den Insassen zur Verfügung gestellt werden [1,2]. Gerade in den letzten Jahren entwickelte sich die „Kommandobrücke" des Fahrers
zu einer multimedialen Informations- und Steuerungsschnittstelle, welche unter-
schiedlichste Anwendungen zur Verfügung stellt. Hierzu gehören beispielsweise
die satellitengestützte Routenführung, das Telefonieren/Freisprechen, das Hö-
ren von Internetradio, das Empfangen von Emails, aber auch die Steuerung von
Fahrzeugfunktionen. Einige der Anwendungen werden neben dem Fahrer parallel
und zeitgleich in ggf. abweichender Darstellung den anderen Fahrzeuginsassen
zur Verfügung gestellt.

Die Funktionen werden als In-Car-Multimedia (ICM) zusammengefasst und
sind in ein eingebettetes Rechnersystem integriert. Diese zentrale Hardware-
instanz eines ICM-Systems wird als Head-Unit bezeichnet [3, S. 3]. Sie vereint

Unterhaltungs-, Informations- und Steuerungsfunktionen mit dem Ziel einer einheitlichen und umfassenden Benutzerschnittstelle für die Fahrzeuginsassen [4]. Weiter stellt sie die notwendigen Ressourcen zur Verfügung, welche von Funktionalitäten aus unterschiedlichen Domänen der Informatik, Signalverarbeitung und Telekommunikation verwendet werden. Dabei werden Systemkomponenten kombiniert, die heterogene „Models of Computation" (MoC) implementieren [5]. Dies impliziert auch unterschiedliche zeitliche Anforderungen, was sowohl takt- als auch ereignisgesteuerte Anwendungen von unterschiedlicher Priorität, bzw. mit harten oder weichen Zeitbedingungen beinhaltet. Die hierzu verwendete Infrastruktur ist dabei oftmals weder konzeptionell noch hinsichtlich ihrer Realisierung auf die Einhaltung der geforderten Zeitbedingungen ausgelegt [6, S. 35-38].

Die Funktionen eines ICM-Systems sind in Komponenten zerlegt, welche in hoher Arbeitsteilung durch voneinander unabhängige Entwicklergruppen parallel implementiert werden können. Dabei sind die einzelnen Komponenten voneinander sowohl funktional als auch nicht-funktional abhängig. Die nicht-funktionale Abhängigkeit resultiert unter anderem aus der Nutzung von gemeinsamen Ressourcen, welche zeitlich abgestimmt werden muss [7].

Die Komponenten können dabei als Teilsysteme betrachtet werden. Mit mehr als 20 MLOC (Millionen Zeilen Quellcode) und etwa 1.000 parallelen Tasks hat diese „Coalition of Systems" [8] viele Merkmale eines großen und komplexen IT-Systems. Die Schnittstellen der einzelnen Komponenten sind dabei im wesentlichen durch die zu leistende Funktionalität definiert. Das beinhaltet nicht notwendigerweise nicht-funktionale Anforderungen wie das zeitliche Verhalten in bestimmten Systemzuständen und Hochlast-Situationen. Obwohl Betriebssysteme mit Scheduling-Strategien und Task-Prioritäten geeignete Mittel bereitstellen, um diese Probleme abzumildern, wird deren Anwendbarkeit durch die unabhängige und parallele Entwicklung der Komponenten eingeschränkt. Verschiedene Scheduling-Strategien sind nicht miteinander kompatibel und Prioritätsmodelle unterschiedlicher Komponenten nicht notwendigerweise miteinander abgestimmt. Bei der Integration der einzelnen Komponenten kommt erschwerend hinzu, dass dem Integrator üblicherweise die Details der Implementierung unbekannt bleiben (oft nur kompilierte „Binaries"), was sich auch auf das Verständnis zum Zusammenspiel der zu integrierenden Komponenten negativ auswirkt. Dies reduziert die Vorhersagbarkeit des Integrationsprozesses [9]. Mit jeder neuen Systemgeneration werden neue Probleme geschaffen, auch wenn wesentliche Komponenten bereits in vorherigen Systemen erfolgreich zum Einsatz gekommen sind. Diese Situation wird durch die schnell steigende Systemkomplexität verschärft. Eine Lösung auf organisatorischer Ebene ist durch unterschiedlich gelagerte Interessen der beteiligten Organisationen nicht in Sicht.

Als Ursache für solche großen und komplexen Systeme, die aus unabhängig entwickelten Teilsystemen integriert werden, werden von Sommerville et al. [8] unterschiedliche Gründe aufgezählt. In diesem Zusammenhang gilt auch für ICM-Systeme, dass es keinen alleinigen „Eigentümer" der Software gibt, welcher den gesamten Entwicklungsprozess zentral steuert, Entscheidungen zum internen

Design der Komponenten trifft und diese durchsetzt. Weiter werden Entscheidungen nicht ausschließlich auf Basis von technischen oder anwendungspezifischen Anforderungen getroffen, sondern sind oftmals durch die Unternehmenspolitik der beteiligten Organisationen geprägt.

Mit der Verfügbarkeit von infrastrukturbasierten Kommunikationsnetzen wie Long-Term-Evolution (LTE) und infrastrukturlosen Netzen wie IEEE 802.11p für Fahrzeug-Ad-hoc-Vernetzung werden dynamische Inhalte an Bedeutung gewinnen. Neben der Aktualisierung von Informationen beinhaltet dies auch das Hinzufügen, Aktualisieren und Erweitern von vorhandenen Funktionen. Voraussetzung ist eine stabile Infrastruktur des ICM-Systems, welche den Anforderungen dieser Dynamik in der Software gewachsen ist und den Systementwicklern bei der Entwicklung und Wartung unterstützt.

Zusammenfassend lässt sich festhalten, dass ICM-Systeme komponentenbasierte und hochintegrierte Softwaresysteme sind, die aufgrund ihrer heterogenen Bestandteile unterschiedliche zeitliche Anforderungen erfüllen müssen. Dabei werden periodische und aperiodische Aufgaben auf einer gemeinsamen Plattform zusammengeführt. Durch die Verfügbarkeit von leistungsfähigen drahtlosen Kommunikationsnetzen und die dadurch zu erwartende Dynamik im Funktionsumfang solcher Systeme gewinnen stabile Software-Infrastrukturen an Bedeutung.

Die genannten Eigenschaften lassen sich direkt oder in modifizierter Form auch auf andere, bzw. ähnliche Anwendungsgebiete übertragen. Deshalb sind sowohl die Problemstellungen als auch deren Lösungen nicht nur auf den Bereich ICM beschränkt. Dies ist die Motivation für eine Reihe von Lehrveranstaltungen am Fachbereich Informatik der h_da Hochschule Darmstadt. Dabei verwenden sie die beschriebenen Problemstellungen als Basis für die Vermittlung von Konzepten, Designprinzipien und Implementierungsdetails. Dieses Wissen ist notwendig, um Softwaresysteme mit den oben beschriebenen Eigenschaften effizient zu erstellen und zu warten. Hierbei wird der Bereich ICM als Problemdomäne adressiert.

Im Folgenden wird die Problemstellung beschrieben, ein Lösungsansatz in Form einer Software-Infrastruktur vorgestellt und deren Einsatz in der Hochschulausbildung dargestellt. Der beschriebene Lösungsansatz erhebt dabei nicht den Anspruch auf eine vollständige Lösung aller oben beschriebenen Probleme, da hierzu neben dem zu entwickelnden System auch die beteiligten Menschen und Organisationen als „Socio-Technical System" zu betrachten ist [8]. Jedoch kann die hier beschriebene Infrastruktur dazu beitragen, aktuelle Probleme auf der technischen Ebene abzumildern und mit dem Einsatz in der Lehre das Verständnis der Probleme zu verbessern.

2 Software-Infrastruktur für ICM-Systeme

Wie oben beschrieben sind ICM-Systeme aus unterschiedlichen, voneinander abhängigen Softwarekomponenten zusammengesetzt. Deren asynchrone Verarbeitung setzt die Existenz von gemeinsam genutzten Verarbeitungseinheiten,

Synchronisations- und Kommunikationsmitteln voraus. Mit Hilfe einer einheitlichen und stabilen Infrastruktur ist es möglich, den Entwicklungs- und Wartungsprozess, insbesondere für Projekte mit unabhängigen und parallel arbeitenden Entwicklungsteams, in diesem Zusammenhang zu erleichtern. Eine solche Infrastruktur und deren domänenspezifische Abstraktionen der durch tiefer liegende Systemschichten bereitgestellten Ressourcen können dazu beitragen, die Qualität des zu entwickelnden Systems zu sichern. Gleichzeitig kann durch deren Nutzung die Produktivität des Entwicklungsprozesses sichergestellt oder sogar gesteigert werden [10]. Diese Infrastruktur wird durch ein Software-Framework in Verbindung mit entsprechenden Richtlinien zur Benutzung bereitgestellt [3, S. 10].

Gerade bei Systemen, welche die Integration voneinander unabhängiger Softwarearchitekturen in eine Gemeinsame erfordern, gewinnt das verwendete Framework an Bedeutung. Das trifft umso mehr auf ICM-Systeme zu, die neben der funktionalen Komplexität auch Anforderungen an Sicherheit, zeitliches Verhalten und Verlässlichkeit aufgrund deren Einsatz in dem sicherheitsrelevanten Umfeld Automobil erfüllen müssen [11].

2.1   Anforderungen an eine Software-Infrastruktur

Eine lose Kopplung zwischen einzelnen Komponenten (z.B. zwischen Komponenten der Benutzerschnittstelle und Anwendungslogik), in Verbindung mit entsprechenden Regeln und Vorgaben, unterstützt die parallele und verteilte Entwicklung und Wartung. Die Gesamtkomplexität wird nach einem „teile und herrsche"-Prinzip auf Teilsysteme reduziert, welche im Zielsystem interagieren müssen. Dabei setzen solche komponentenbasierte Systeme effiziente und eindeutige Kommunikationsmittel voraus. Dies beinhaltet Inter-Prozess-Kommunikation (IPC) und Synchronisation von nebenläufig ausgeführten Komponenten und deren Aufgaben (Tasks). Dazu gehören im wesentlichen Primitive für wechselseitigen Ausschluss und Signalisierung, als auch Warteschlangen und gemeinsamer Speicher für den Datenaustausch. In dem Zusammenhang ist die Verwendung von dynamischem Speicher zu vermeiden oder stark zu reglementieren, um eine Fragmentierung des begrenzt vorhandenen Speichers zu verhindern und den Speicherverbrauch vorhersagbar zu machen. Weiter sind gerade im automobilen Umfeld ein schneller Start der Anwendungen [12, S. 31-33] und kurze Reaktionszeiten auf Benutzeraktionen notwendig, wobei Benutzereingaben multimodal, d.h. als Kombination aus unterschiedlichen Aktionen wie beispielsweise Sprache und Tastendruck, durchgeführt werden können. Darüber hinaus muss ein Framework sowohl während des Entwicklungsprozesses als auch nach einem Fehlerfall in geeignetem Maße die Analyse des Systems unterstützen. Gerade letzteres ist durch viele beteiligte Organisationen im Rahmen einer „Post-Mortem-Analyse" zur Klärung von Regressansprüchen bei Rückrufaktionen wichtig. Schließlich sollte ein Framework für eingebettete Systeme mit vorgegebenen Zeitanforderungen und limitierten Hardware-Ressourcen die vorhandenen Ressourcen effizient nutzen.

2.2   OpenICM: Ein Software-Framework als Infrastruktur

Die oben zusammengefassten Anforderungen werden durch OpenICM adressiert. OpenICM ist ein frei verfügbares akademisches Software-Framework, welches von mehreren Kooperationen und Industrieprojekten beeinflusst wurde und noch wird [13]. Es beinhaltet Erfahrungen vieler Jahre, die in „Task-Forces" bei TIER-1 Original Equipment Manufacturers (OEM) zur Rettung von Systemen kurz vor Produktionsbeginn gesammelt wurden. Die grundlegenden Konzepte werden in [3] beschrieben. Zielsetzung war und ist eine domänenspezifische Infrastruktur zu schaffen, die für unterschiedliche Infotainment-Anwendungen verwendet werden kann. Abb. 1 zeigt ein ICM-System mit beispielhaften Anwendungskomponenten und System-Schnittstellen (Bedienung durch die Benutzer, Kommunikation innerhalb des Systems Fahrzeug, Kommunikationseinrichtungen über die Systemgrenze des Fahrzeugs hinaus und auswechselbare Medienträger).

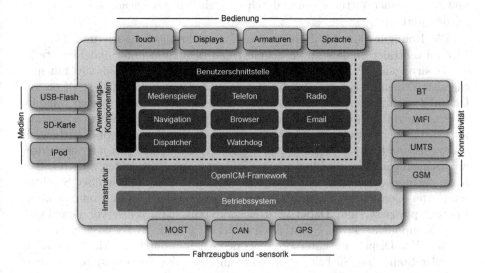

Abb. 1. Beispielarchitektur eines ICM-Systems unter Verwendung von OpenICM.

Die Implementierung verwendet objektorientierte Konzepte unter Verwendung der Sprache C++. Durch Verwendung der POSIX [14] Programmierschnittstelle des darunterliegenden Betriebssystems ist OpenICM auf verschiedene Zielplattformen portierbar, wobei GNU/Linux und QNX Neutrino nativ unterstützt werden. Abb. 2 stellte diese Beziehungen in Form von Schichten dar.

Ein wesentlicher Bestandteil von OpenICM ist die Abstraktion von Funktionalität mittels eines Thread-basierten Laufzeitmodells, unter der Verwendung von konfigurierbaren Ausführungsdomänen (Execution Domains) [15] und gleichzeitiger Unterstützung aktueller Multi-Core Hardware Architekturen [16]. So werden einzelne Komponenten zur Integration unabhängig von intern verwendeten Scheduling-Strategien und Task-Prioritäten konfliktfrei in die geforderte zeit-

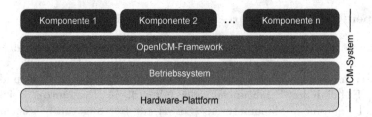

Abb. 2. Abstraktionsschichten eines ICM-Systems.

liche Reihenfolge gebracht. So können unterschiedliche zeitliche Anforderungen der Komponenten auf einer gemeinsamen Plattform abgebildet und die rechtzeitige Verarbeitung von Informationen der hoch-priorisierten Komponenten auch in Hochlast-Situationen gewährleistet werden. Zusätzliche Abstraktionsebenen und Kosten einer Virtualisierung durch zusätzlichen „Overhead" können so vermieden werden.

Die Konfiguration der Komponenten, Ausführungsdomänen und Threads wird an zentraler Stelle statisch definiert und beinhaltet unter anderem Stack-Vereinbarungen, CPU-Affinitäten und Thread-Prioritäten. Threads sind mit sprechenden Namen bezeichnet, um die Systemüberwachung und -analyse zu vereinfachen. Zur effizienten Kommunikation zwischen Komponenten werden standardisierte ereignisgesteuerte Warteschlangen in Verbindung mit einem sogenannten „Dispatcher" verwendet. Diese sind in einem gemeinsamen Speicherbereich als sogenannte Komponenten-Kontexte realisiert und stellen je Komponente drei unterschiedliche Prioritätsebenen zur Verfügung, um Nachrichten zwischen den Komponenten auszutauschen. Komplexe Informationen können über Strukturen (Daten-Container) ausgetauscht werden, welche ebenfalls im Komponenten-Kontext platziert sind. Dabei wird sichergestellt, dass selbst vor dem Start einer Komponente keine Nachrichten verloren gehen, die an diese adressiert wurden. Der Dispatcher unterstützt bei der Analyse durch die Möglichkeit, an zentraler Stelle den Nachrichtenverkehr innerhalb des Softwaresystems aufzuzeichnen. Abb. 3 zeigt schematisch, welche statischen Beziehungen zwischen den in der Infrastruktur vereinbarten Komponenten-Kontexten und Anwendungs-Komponenten bestehen.

Darüber hinaus werden domänenspezifische Abstraktionen für vorhandene Hardware-Ressourcen zur Verfügung gestellt. Diese vereinheitlichen beispielsweise den Zugriff auf Bussysteme wie CAN oder MOST oder unterstützen die Entwicklung, indem sie den Zugriff auf physikalische Geräte wie Radio, CD-Spieler oder iPod abstrahieren, bzw. diesen einheitlich realisieren lassen. Dies bedeutet, dass neben den Komponenten zur Abbildung der Anwendungslogik weitere Infrastruktur-Komponenten verfügbar sind. Diese realisieren unter anderem auch das zentrale Zustellen von Ereignis-Nachrichten, administrative Systemaufgaben und Überwachung der Anwendungskomponenten (Watchdog-Funktionalität). Diese Basis-Komponenten verwenden dabei die gleiche Infrastruktur wie die Anwendungskomponenten.

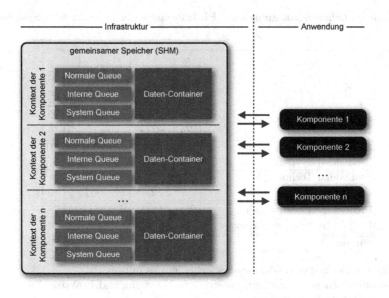

Abb. 3. Kommunikation zwischen den Anwendungskomponenten

3 OpenICM in der Lehre

Das primäre Ziel von OpenICM ist die Hochulausbildung zu unterstützen. So stellt das Framework gleichzeitig die Basis und Referenzplattform für drei Lehrveranstaltungen am Fachbereich Informatik der h_da. Hierzu gibt Tabelle 1 einen Überblick [17]. Die Veranstaltungen im BSc-Studiengang sind dabei im wesentlichen auf grundlegende Konzepte und deren Implementierung ausgerichtet, welche dann im MSc-Studiengang in Komposition als einheitliche Infrastruktur vertieft werden.

Gleichzeitig ist OpenICM Gegenstand ständiger Weiterentwicklung im Rahmen von studentischen Projekten (Projekt Systementwicklung) an den In-Car Multimedia Labs der h_da. In diesem Rahmen haben in den letzten Jahren 538 Studierende sowohl im BSc- als auch im MSc-Studiengang praktisch mit und an dem Software-Framework gearbeitet. Hierbei wurden für die Studierenden attraktive Fragestellungen behandelt, anhand deren die beschriebenen Konzepte zu eingebetteten Systemen und unterschiedlichen zeitlichen Anforderungen vertieft werden konnten. Zu diesen wurden neben Projekten seit 2005 insgesamt 25 Abschlussarbeiten erfolgreich am Fachbereich Informatik der h_da durchgeführt. Die folgende Aufzählung soll einen Überblick über Themengebiete geben und erhebt dabei nicht den Anspruch auf Vollständigkeit:

- Effiziente Nutzung von Multi-Core-Plattformen für ICM-Systeme.
- Start-Konzepte für ICM-Anwendungen.
- Konzepte zur Systemanalyse von ICM-Systemen.
- Anbindung an Fahrzeugbusse (MOST und CAN).

Tabelle 1. Lehrveranstaltungen am FB Informatik der h_da zu ICM-Systemen

Bezeichnung	Studiengang[a]	Umfang[b]	ECTS	Eingeführt	Anzahl[c]	Studierende[d]
Softwareentwicklung für Embedded Systeme	BSc	2+2	5	WS 2003	9	201
Embedded Technologies	BSc	2+2	5	WS 2010	2	31
Embedded Frameworks	MSc	2+2	5	SS 2007	5	89
Projekt Systementwicklung	BSc	4	7,5	WS 2010	4	78
Projekt Systementwicklung	MSc	4	7,5	WS 2003	18	139
Summe					38	538

[a] Bachelor of Science oder Master of Science; jeweils Informatik
[b] in Semesterwochenstunden (ggf. unterteilt in Vorlesung und Praktika: V+P)
[c] in durchgeführte Veranstaltungen
[d] kummuliert über alle durchgeführten Veranstaltungen

- Integration zusätzlicher Geräte über den MOST-Bus.
- Verbesserte Positionsbestimmung durch Satellitennavigation und Odometrie.
- Anbindung von ICM-Systemen an drahtlose Kommunikationsnetze.
- Einbindung und Integration von mobilen Endgeräten in ein ICM-System.
- Implementierung und Einbindung einer Navigationskomponente.
- Benutzersteuerung von ICM-Systemen durch Gesten.
- Wiedergabe und Darstellung verschiedener Medien.
- Evaluation unterschiedlicher Konzepte für Benutzerschnittstellen.
- Erkennen von Verkehrsschildern und Fahrspuren.
- 3D-Visualisierung mittels Stereoprojektion als Head-Up-Display.

Weiter steht mit OpenICM eine stabile Infrastruktur für aktuelle Forschungsfragen zur Verfügung, die derzeit an den In-Car Multimedia Labs der h_da im Kontext von ICM-Systemen bearbeitet werden. Hierzu können Themenbereiche wie der Einsatz von zukünftigen Hardware-Plattformen, die effiziente Strukturierung von Anwendungskomponenten, Möglichkeiten zur Absicherung von kritischen Komponenten oder die Einbindung von ICM-Systemen in zukünftige Kommunikationsnetze genannt werden. Auch hierdurch erfährt OpenICM eine ständige Weiterentwicklung und behält seine Aktualität, was sich auch positiv auf die Inhalte der genannten Lehrveranstaltungen auswirkt.

Darüber hinaus wird der Bezug zu aktuell existierenden Problemen in der Industrie über verschiedene längerfristige Kooperationen zu TIER-1 OEMs sichergestellt. Insbesondere gilt dies auch für die Praktika, welche die genannten Lehrveranstaltungen begleiten, um die Inhalte anschaulich zu vermitteln. So fließen hier aktuelle Fragestellungen und Probleme in die von den Studierenden zu bearbeitenden Aufgaben ein. Hierdurch können diese mit einem konkreten Hintergrund präsentiert werden, so dass auch die Motivation zu den einzelnen Aufgaben gut zu vermitteln ist.

Sowohl die Erfahrungen der Dozenten und Leiter der Praktika als auch die Rückmeldungen der Studierenden über die kontinuierliche Evaluation mittels Fragebögen im Rahmen der Qualitätssicherung fallen dabei durchweg sehr positiv aus.

4   Zusammenfassung und Ausblick

Eine gemeinsame Infrastruktur in Verbindung mit Richtlinien zu deren Benutzung kann die Entwicklung und Wartung durch domänenspezifische Abstraktionen erleichtern. Dies gilt insbesondere für Projekte, in denen Softwaresysteme an unterschiedlichen Standorten, in Komponenten zerlegt, parallel und unabhängig voneinander realisiert werden. Es wurde anhand von ICM-Systemen dargestellt, wie eine Software-Infrastruktur in Form eines konkreten Frameworks helfen kann, den Entwicklungs- und Wartungsprozess von komponentenbasierten Systemen zu unterstützen. Hierbei ist insbesondere die Einhaltung von zeitlichen Anforderungen des zu entwickelnden Systems bei hoher Systemlast anspruchsvoll. Hierzu wurde OpenICM als Beispiel für ein Framework vorgestellt. In diesem Zusammenhang wurde dessen Systemarchitektur, zentrale Konzepte und interne Kommunikationsmittel detailliert dargestellt.

Entsprechende Kenntnisse zu den beschriebenen Konzepten, Designprinzipien und deren Implementierung sollten aus Sicht der Autoren integraler Bestandteil der Hochschulausbildung in der Studienrichtung Informatik und insbesondere in deren technischer Vertiefung sein. Hierzu ist mit OpenICM ein Software-Framework verfügbar, mit welchem dieses Wissen den Studierenden vermittelt und veranschaulicht werden kann. Dies konnte durch den über mehrere Semester erfolgreichen Einsatz in der Lehre gezeigt werden. Weiter steht mit OpenICM eine brauchbare Infrastruktur für aktuelle Forschungsfragen zur Verfügung. Entwicklungen fließen zurück in die Infrastruktur, so dass auch hierdurch dieses Software-Framework und damit auch implizit die Inhalte der Lehrveranstaltungen weiterentwickelt werden. Hierdurch wird sowohl die Aktualität als auch die Zukunft von OpenICM sichergestellt.

Literaturverzeichnis

1. Broy, M.: Challenges in Automotive Software Engineering. In: Proceedings of the 28th International Conference on Software Engineering (ICSE '06), New York, NY, USA, ACM (2006) 33–42
2. Huth, N., Spahr, C.: Studie Automobil – ITK im Auto und Elektromobilität. BITKOM – Bundesverband Informationswirtschaft, Telekommunikation und neue Medien e.V. (2011)
3. Wietzke, J., Tran, M.T.: Automotive Embedded Systeme: Effizientes Framework – Vom Design zur Implementierung. Xpert.press. Springer (2005)

78   A. Knirsch, S. Vergata, J. Wietzke

4. Smethurst, G.: Changing the In-Vehicle Infotainment Landscape. Whitepaper, GENIVI Alliance (2010)
5. Martin, G.: UML for Embedded Systems Specification and Design: Motivation and Overview. In: Proceedings of the Conference on Design, Automation and Test in Europe. DATE '02, Washington, DC, USA, IEEE Computer Society (2002) 773–775
6. Zöbel, D.: Echtzeitsysteme: Grundlagen der Planung. eXamen.press. Springer (2008)
7. Knirsch, A., Wietzke, J., Moore, R., Dowland, P.S.: Resource Management for Multicore Aware Software Architectures of In-Car Multimedia Systems. In Heiß, H.U., Pepper, P., Schlingloff, H., Schneider, J., Hrsg.: Informatik schafft Communities. Volume P-192 Lecture Notes in Informatics (LNI)., Berlin, Gesellschaft für Informatik (GI) (2011) 216
8. Sommerville, I., Cliff, D., Calinescu, R., Keen, J., Kelly, T., Kwiatkowska, M., Mcdermid, J., Paige, R.: Large-Scale Complex IT Systems. Commun. ACM 55 (2012) 71–77
9. Sangiovanni-Vincentelli, A., Di Natale, M.: Embedded System Design for Automotive Applications. Computer 40 (2007) 42–51
10. Riehle, D., Gross, T.: Role Model Based Framework Design and Integration. ACM SIGPLAN Notices 33 (1998) 117–133
11. Di Natale, M., Sangiovanni-Vincentelli, A.: Moving From Federated to Integrated Architectures in Automotive: The Role of Standards, Methods and Tools. Proceedings of the IEEE 98 (2010) 603–620
12. Wietzke, J.: Embedded Technologies - Vom Treiber bis zur Grafik-Anbindung. Xpert.press. Springer (2012)
13. ICM Labs: OpenICM Framework. Webseite. Fachbereich Informatik, Hochschule Darmstadt (2010) https://fbi.h-da.de/~openicm (Stand: 04.07.2012)
14. ISO/IEC/IEEE 9945: Information technology - Portable Operating System Interface (POSIX). Base Specifications, Issue 7, Erste Ausgabe, IEEE and The Open Group (2009)
15. Knirsch, A., Wietzke, J., Moore, R., Dowland, P.S.: An Approach for Structuring Heterogeneous Automotive Software Systems by use of Multicore Architectures. In: Proceedings of the Sixth Collaborative Research Symposium on Security, E-learning, Internet and Networking (SEIN 2010), Plymouth, UK (2010) 19–30
16. Vergata, S., Knirsch, A., Wietzke, J.: Integration zukünftiger In-Car-Multimediasysteme unter Verwendung von Virtualisierung und Multi-Core-Plattformen. In Halang, W.A., Hrsg.: Herausforderungen durch Echtzeitbetrieb. Informatik aktuell, Springer (2012) 21–28
17. Lange, S., Kreling, B.: Modulhandbuch. Online-Datenbank, Fachbereich Informatik, Hochschule Darmstadt (2012) http://obs.fbi.h-da.de/mhb/ (Stand: 04.07.2012)

Common Automation Protocol Architecture and Real-time Interface (CAPRI)

A Reference Architecture for Industrial Ethernet Systems

Jahanzaib Imtiaz and Jürgen Jasperneite

inIT – Institute Industrial IT
Ostwestfalen-Lippe University of Applied Sciences, 32657 Lemgo
{jahanzaib.imtiaz|juergen.jasperneite}@hs-owl.de

Abstract. This paper describe a common reference architecture for Real-time Ethernet systems, to bridge the gap within existing Ethernet based industrial communication technologies from implementation point of view. Another objective is to enable industrial applications to benefit from emerging information technologies in other application domains. A flexible and modular architecture may enable resolving certain limitations of legacy industrial communication systems, which could increase the system's overall productivity in many ways. The paper present the core components of the proposed architecture, together with some evaluation results and conclusions.

1 Introduction

The broad range of industrial applications leads to many different requirements, which must be fulfilled by real-time communication systems. Because of the low cost and high data transfer speed, industrial automation vendors adopted the Ethernet to enable real-time communication. Since the existing Ethernet (IEEE 802.3) cannot meet stringent timing requirements, many extensions are introduced during the last decade to improve the temporal behavior, and the trend may further continues with the growth of new application domains. These extensions are documented under IEC 61158 as a reference for Real-time Ethernet (RTE) based industrial communication technologies.

RTEs offer in principle a higher degree of commonalities than field buses, because of the common use of the IEEE802 standard. Similarities among the RTEs can also be found on the transfer layer. The core functions of industrial communication systems are common, such as the context management, or the cyclic and acyclic data transport. But each RTE has its own way to implement these functionalities, and this variety causes very high costs and no direct benefit to the device manufacturers, application programmers and operators of plants and machines. On the other hand, industrial applications want to profit from emerging real-time communication technologies, like AVB [10]. This leads to the research question of our paper: *Is it possible to have a common reference*

RTE architecture, which can be adapted to the various existing and emerging industrial communication technologies?

A possible solution is the Common Automation Protocol Architecture and Real-time Interface (CAPRI), which is the result of a BMBF funded project (FKZ: 17N0609). It aims to develop and validate such a modular reference architecture for RTEs used in industrial automation environments. For the proof of concept we have evaluated existing RTEs (e.g. Ethernet IP, EtherCAT and PROFINET), and emerging technologies like AVB and OPC UA within the framework of CAPRI, by means of theoretical analysis and prototype implementations. This paper presents results of our experiences such as, we have evaluated some existing RTE's for the derivation of a common service model. We evaluated OPC Unified Architecture (UA) [13] for the standard representation of that model as a common service interface, to provide a consistent view to the application programmer across the industrial network, independent of the communication protocol and underlying network. Since IEEE 802.1 Audio Video Bridging (AVB) task group aims to develop standard Ethernet towards real-time Ethernet [10] we evaluated AVB for industrial process data communication.

The paper is organized as follows: chapter 2 details the overall CAPRI architecture and evaluation results of some of its concepts, such as the section 2.1 focusing more on the lower layer topics, and the section 2.2 describing layer 3 or higher of the purposed architecture. At the end some conclusions are drawn in chapter 3.

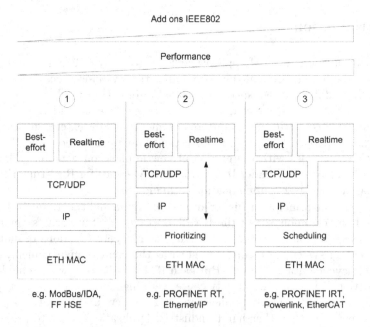

Fig. 1. Classification of Industrial Ethernet Protocols [2]

2   CAPRI Architecture

Figure 1 shows classification of existing RTEs into three categories. Protocols are becoming more powerful starting from category 1 to category 3, while additional functionality at the data link layer becomes simultaneously necessary. These extensions try to cover key requirements that includes implementation costs, IEEE802.3 compatibility, configuration effort and real-time performance [1]. CAPRI attempts to meet all these key requirements. Figure 2 describes the key components of our proposed architecture.

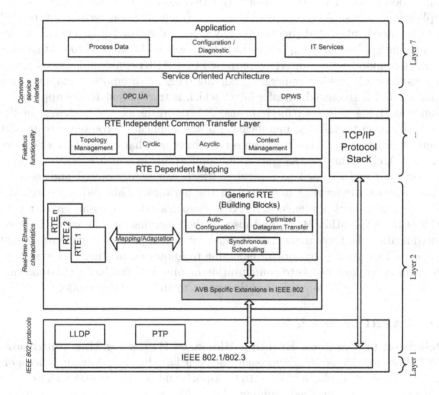

Fig. 2. CAPRI Architecture.

CAPRI identifies core building blocks of a generic RTE that addresses real-time characteristics, which provide an ideal layer 2 functionality set, driven from different existing RTEs [1]. A principal characteristic can be specific to an individual RTE or could be common among a group of RTEs. A device manufacturer often must implement different communication systems in a single device. The exiting monolithic RTE architectures make it hard to compare them and to assess the need of further development. By following the CAPRI architecture, device manufacturers can identify the proportion of specific mechanisms or shareable components/procedures of existing RTEs. It will also promote more standardized common components that can be taken off the shelf and focus can be diverted to only RTE specific mechanisms. This will also simplify the future protocol development. Furthermore, CAPRI will help minimizing the implementation efforts, promote coexistence and reduce the time to market for emerging technologies. Our architecture gives orientation and can serve as a reference model for R&D engineers and students to understand the core functionality of an RTE, and to map and structure emerging technologies or existing implementations to the main core building blocks and layers.

Existing RTEs provide a tight coupling between an underlying real-time communication protocol and the transfer layer that exposes core functionality to the application. Because of this, every time a communication technology needed to be replaced/integrated (because of any technical reasons or on customers demand), the application components have to be explicitly adapted to that specific RTE. A common service interface proposed by CAPRI enables industrial applications to be adaptable to emerging/existing RTEs. It promotes a mapping to a common and harmonized transfer layer, which is transparent to the application from underlying transport mechanisms. Therefore in case of a change in the communication technology, modification in the application components are not required. Furthermore, the common service interface that is based on a Service-oriented Architecture (SOA), promotes applications in which every function is implemented and exposed as a service, which can be discovered and used by other network elements at any point in the network. This allows the realization of plug & work systems. CAPRI is envisioned to act as an enabler that bridges the gap within RTEs and also to the emerging technologies. It is assessed against the three main criteria, namely: how it promote harmonization of existing RTEs, how it support for emerging technologies, and new industrial application paradigms like auto-configuration or plug and produce. The following section describe some key topics with respect to the OSI layer model.

2.1   CAPRI Layer 1 & 2

Definition of Common Building Blocks of RTE's for Harmonization: CAPRI proposed a modular approach, the basic field-bus functions such as topology management, cyclic/acyclic data transport, and context management can be achieved through optimized building blocks, like auto-configuration, optimized datagram transfer, and synchronous scheduling on top of the IEEE 802 protocol suite. For neighbour discovery and clock synchronization, we add the IEEE protocols LLDP and PTP besides the IEEE 802.3/802.1D/Q base functions. CAPRI specify that for a support of multiple RTEs on a single device, RTEs should share those component with other RTE's that offer common functionality, clock synchronization could be an example of such a common functional module among many RTEs. Although the key components of our proposed architecture are not limited to a specific RTE, we select Profinet IRT for validation.

Auto-configuration of MAC Layer Connectivity: One problem of the conventional addressing schemas of Ethernet is a changed MAC address if a device

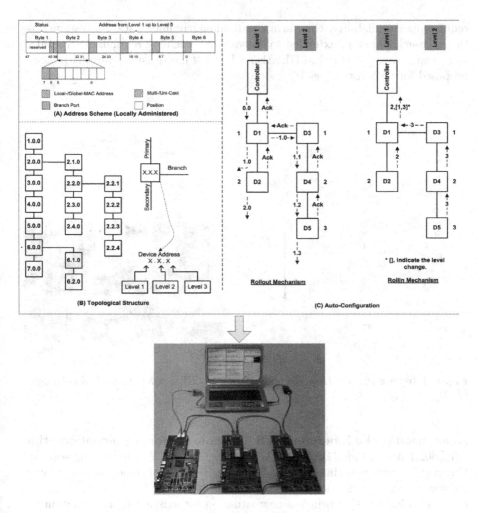

Fig. 3. Auto-Configuration of Hierarchical and Topological Structures.

must be exchanged. The maintenance personnel usually do not have special software tools or knowledge to give an exchanged device the former IP address. Therefore, a topological device address is a great benefit, because the position in the network topology does not change in case of a device replacement. For connectivity at layer 2, the auto configuration protocol as described in [1] consists of a "rollout" procedure, which is used to initialize the topology addressing of all nodes, and a "rollin" procedure is used for discovering the network topology by means of knowing the end nodes and branches positions as shown in figure 3. The proposed hierarchical address scheme is implemented for a Profinet IRT based network, using local administered MAC addresses described in IEEE Std 802-2001. Furthermore, the topological approach and hierarchical structures help to organize real time Ethernet communication. Since some automation tasks require high availability, this means redundant communication infrastructure, the approach is further extended to shown how to achieve redundant structures, some results are presented in [7]. Also a Layer-2 multicast forwarding policy is proposed for such topologies [8].

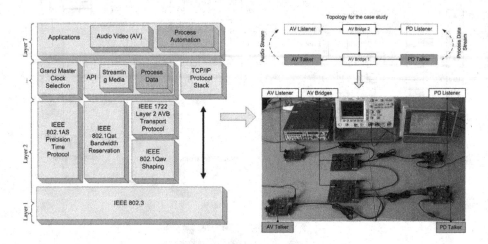

Fig. 4. Integrate Process Data Communication to IEEE 802.1 Audio Video Bridging (AVB).

Adaptation to the Emerging AVB Technologies for Auto-configuration: IEEE802.1 Audio Video Bridging (AVB) Task Group [10] is developing standard Ethernet towards real-time capable Ethernet. Because of some common characteristics like application level clock synchronization, bandwidth reservation and traffic shaping [9], this brings a new situation for existing RTE's. Within the context of CAPRI it seems interesting to evaluate AVB for industrial applications as an alternate deterministic communication technology. AVB generation one (Gen 1) defined in such a way that, for an AV application, the network do not need any start-up configuration, it is more dynamic in operations. As soon as a stream is available, the network components start negotiating resources, and once the need is over the occupied resources are freed automatically. This built-in characteristic of AVB motivated us to investigate it for plug and play kind of industrial applications, Figure 4 describe our approach and details are given in section 2.2. However, AVB Gen 1 is primarily intended for multimedia applications with soft real-time requirements such a latency is defined as not more then 2 *ms* over 7 hops. Some industrial applications has smaller temporal requirements and more hops, AVB generation two (Gen 2) is specifically focusing on the requirements of automotive and industrial applications and currently in the standardization process. In order to introduce the requirements of such industrial applications for AVB Gen 2 standardization process, we have further evaluated the real-time performance of AVB traffic policy for industrial applications, such as to reduce the latency for high priority traffic in IEEE 802.1 AVB networks [3, 4, 6].

2.2   CAPRI Layer 3 or Higher

Adaptation to the Emerging AVB Technologies for Process Data Communication: For an industrial application, additional engineering process is employed to configure and adopt the network before the application becomes operational. In order to achieve plug and play capability in industrial environment we investigated a simple and straightforward integration of process data application into emerging 802.1 AVB [5]. As described in figure 4, the Process Automation component is an abstraction of the process data application. It provides an interface that is adoptable to various kinds of process automation applications (for this case study we used EtherCat automation protocol [16]). The Process Data API is a middle-ware that provides a mapping between lower layer AVB specific services and the upper layer Process Automation component. The mapping is transparent to the application from underlying AVB specific transport mechanisms, thus the application component should not need modification with the evolving AVB specifications. From the application engineer point of view, it will provide a simple way to integrate process data within AVB based network with minimum change (i.e. only the Process Automation interface will require adaptation to the given application). Process Data API will be a software only extension that works on top of the AVB enabled hardware components, and can be adopted with the future changes in AVB specifications (e.g. AVB Gen 2).

Application Service Harmonization and Adaptation to the Emerging OPC UA Technologies: IEC 61158-5 [15] has specified application layer services by means of Application Service Elements (ASE), to provide information representation for existing RTEs, this includes models and concepts, data types and definitions, application object, service description and communication managements. However individual RTEs offer different syntax and morphology. This makes application tightly coupled with employed RTE. In order to decouple the application from underlying communication system, a harmonized service interface is required, together with a middle-ware solution for individual mapping to the RTEs. To drive a common service model for CAPRI, we have compared Profinet, EtherCAT and EtherNet/IP with an objective to identify similarities. For the comparison we have chosen basic field bus functionalities at transfer layer such as Cyclic Data, Acyclic Data, Diagnosis, Sync and Connect. We find out that there are no modelling similarities in the ASE description. Some concepts are similar but the formal and attribute differences are significant. If one approach is chosen the other ones can be hardly mapped. Such as EtherNet/IP being part of a media-independent Common Industrial Protocol (CIP), describes a very generic application service model, with dependencies on additional specifications defined by ODVA environment [18]. Profinet has a lot of attributes for IO and for a very specific modelling of Ethernet networks and Bridges. SIMATIC® and ERTEC® [17] technology may be the background for choosing this approach. While the EtherCAT is in between. What should be clear after this outlook is that despite standardization, a lot of heterogeneities are to be found in the domain. To overcome these gaps, one solution could be having a common industrial standard for information modelling, to which an individual RTE can be mapped, and that provide a consistent view to the application programmer across the network. Meanwhile, an industrial middle-ware technology OPC UA has emerged, which is fundamentally about data modelling and transport. It uses object-oriented techniques, including type hierarchies and inheritance, to model information. OPC UA address space allows information to be connected in various ways. The base OPC UA specifications provide the only the infrastructure to model information, and encourage additional, industry specific information model specification to be defined by vendors and standards organizations. CAPRI promotes an abstract OPC UA information model for process automation applications, without detailing the RTE specific ASE, such that individual mapping to a respective RTE service interface can be left to a middle-ware. This will decouple applications from transport protocol specific attributes, and provides a common service interface, which is independent of the employed type of communication protocol.

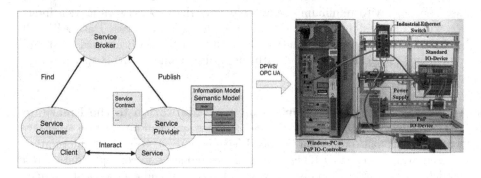

Fig. 5. Service-Oriented Architecture for Auto-Configuration of Industrial Networks.

Adaptation to the Service Oriented Architecture to enable Plug and Play: Due to shorter product life-cycles and changing market conditions current production systems must become more flexible. Today the reconfiguration of a production process needs many manual configuration steps which lead to cost intensive downtimes. One aim of the CAPRI is to enable a flexible and adaptable production process, in which a device can be attached to an industrial network, and start functioning without manual interventions, to allow Plug and Play (PnP) capability. However this will involve adaptations to industrial devices at multiple levels. Currently, all RTEs need manual configuration effort before the attached devices can start their operations. Such as a network configuration must be supplied manually to an engineering tool which configures all devices of the RTE. In addition the engineering tool defines which data must be transferred between the distributed devices. However, in a PnP environment a device must discover the functionalities of other devices by itself and negotiate the data exchanges with other devices. Usually, Ethernet-based devices for industrial automation use two different communication channels to exchange data with other devices. The standard TCP/IP channel is used for parameterization and configuration. While the real-time channel is used for standard cyclic data transfer. Real-time communications bypass the standard TCP/IP interface to expedite the time-critical data exchange. For interoperable devices it is necessary to offer standardized methods for a consistent discovery and the exchange of configuration information. These requirements can be fulfilled by SOA enabled industrial technologies at a device level, such as Device Profile for Web Services (DPWS) and/or OPC UA [11]. The advantages are: easier and less costly equipment integration, reuse-ability, re-configurability, cross vendor compatibility and improved cross layer integration. Within CAPRI we focused on two use cases of SOA. Firstly, we implemented DPWS/OPC UA on top of TCP/IP channel to auto-configure an industrial network. Figure 5 describe the case study for the proof of concept using Profinet IO [12]. In order to be cost effective, industrial devices have various resource constraints. Currently we are also investigating the suitability of both SOA based technologies for resource constrained embedded devices. The second use case is about employing OPC UA based information model as a common service interface for the various kind of real-time communication channels (e.g. Profinet).

3 Conclusion

The answer for the research question of the paper is: *Yes it is possible to have a common reference RTE architecture, which can be adapted to the various existing and emerging industrial communication technologies.* However, this will involve adaptations to industrial devices at multiple levels. The paper has covered some key topics that could contribute towards achieving the target, together with an evaluation of important components of the CAPRI. Definition of an abstract OPC UA information model, that represents field bus functionality, will be a very interesting future work. Another important topic is a definition of machine-interpretable semantics of the information, to enable two intelligent devices with no previous knowledge on each other's type, to perform reasoning and infer sufficient knowledge to interact autonomously [14].

References

1. Jasperneite, Jürgen; Imtiaz, Jahanzaib; Schumacher, Markus; Weber, Karl: *A Proposal for a Generic Real-time Ethernet System.* In: IEEE Transactions on Industrial Informatics(5) S.: 75-85, May 2009.
2. Schumacher, Markus; Jasperneite, Jürgen; Weber, Karl: *A new Approach for Increasing the Performance of the Industrial Ethernet System PROFINET.* In: 7th

IEEE International Workshop on Factory Communication Systems (WFCS 2008) S.: 159 - 167, Dresden, Germany, May 2008.

3. Imtiaz, Jahanzaib; Jasperneite, Jürgen; Weber, Karl: *Approaches to reduce the Latency for High Priority Traffic in IEEE 802.1 AVB Networks*. In: 9th IEEE International Workshop on Factory Communication Systems (WFCS 2012) Lemgo, Germany, May 2012.

4. Imtiaz, Jahanzaib; Jasperneite, Jürgen: *Performance impacts of different models*. IEEE 802.1 AVB Task Group Real Time communication Symposium, Munich, Germany, Jan 2012.

5. Imtiaz, Jahanzaib; Jasperneite, Jürgen; Schriegel, Sebastian: *A Proposal to Integrate Process Data Communication to IEEE 802.1 Audio Video Bridging (AVB)*. In: 16th IEEE International Conference on Emerging Technologies and Factory Automation (ETFA 2011) Toulouse, France, Sep 2011.

6. Imtiaz, Jahanzaib; Goetz, Franz-Josef; Weber, Karl: *Reduction of Impacts of Legacy Traffic on Stream Latency*. In: IEEE 802.1 AVB Task Group Interim Meeting Sanat Fe, NM USA , May 2011, May 2011.

7. Imtiaz, Jahanzaib; Jasperneite, Jürgen; Weber, Karl: *Redundant Structures for a Generic Real-time Ethernet System*. In: 15th IEEE International Conference on Emerging Technologies and Factory Automation, Bilbao, Spain Sep 2010.

8. Imtiaz, Jahanzaib; Wisniewski, Lukasz; Jasperneite, Jürgen; Weber, Karl: *A Layer-2 Multicast Forwarding Policy for a Generic Real-time Ethernet System*. In: 8th IEEE International Workshop on Factory Communication Systems COMMUNICATION in AUTOMATION (WFCS 2010) Nancy, France, May 2010.

9. Imtiaz, Jahanzaib; Jasperneite, Jürgen; Han, Lixue: *A Performance Study of Ethernet Audio Video Bridging (AVB) for Industrial Real-time Communication*. In: 14th IEEE International Conference on Emerging Technologies and Factory Automation (ETFA 2009) Palma de Mallorca, Spain, Sep 2009.

10. IEEE 802.1 TG. *The Audio/Video Bridging Task Group*. http://ieee802.org/1/pages/avbridges.html.

11. Cândido, G.; Jammes, F.; de Oliveira, J.; Colombo, A.: *SOA at Device level in the Industrial domain: Assessment of OPC UA and DPWS specifications*. In: 8th IEEE Int. Conf. on Industrial Informatics (INDIN), pp. 598 ? 603, 2010.

12. Dürkop, Lars; Trsek, Henning; Jasperneite, Jürgen; Wisniewski, Lukasz: *Towards Autoconfiguration of Industrial Automation Systems: A Case Study Using PROFINET IO*. In: 17th IEEE International Conference on Emerging Technologies and Factory Automation (ETFA 2012) Krakau, Poland, Sep 2012.

13. OPC Unified Architecture (UA), http://www.opcfoundation.org

14. Lastra, J.L.M.; Delamer, M.; , "Semantic web services in factory automation: fundamental insights and research roadmap," Industrial Informatics, IEEE Transactions on , vol.2, no.1, pp. 1- 11, Feb. 2006

15. Industrial communication networks (IEC 61158-5). Fieldbus specifications. Application layer service definition.

16. EtherCAT. EtherCAT Automation Protocol (EAP), http://www.ethercat.org

17. Siemens, *SIMATIC automation system, Enhanced Real-Time Ethernet Controller (ERTEC)*, http://www.automation.siemens.com

18. ODVA, the Organization that supports Industrial Network Technologies (e.g. EtherNet/IP), http://www.odva.org/Home/ABOUTODVA/tabid/102/lng/en-US/Default.aspx

Effiziente Modellierung und Simulation von Kommunikationsnetzen in Modelica

Liu Liu und Georg Frey

Lehrstuhl für Automatisierungstechnik
Universität des Saarlandes, 66123 Saarbrücken
{liu.liu|georg.frey}@aut.uni-saarland.de

Zusammenfassung. Technische Systeme werden zunehmend mit Rechnern und Kommunikationsnetzen ausgestattet. Aus der Kopplung von informationellen und physikalischen Teilsystemen ergibt sich der hybride dynamische Charakter solcher Systeme. Mittels Systemsimulation wird diese komplexe hybride Dynamik untersucht. Hierbei führt die genaue Abbildung des diskreten Verhaltens der Kommunikationsnetze jedoch zu einem hohen Rechenaufwand. In diesem Beitrag werden Methoden zur Modellierung und Simulation präsentiert, die ohne Abstriche bei der Korrektheit der Simulationsergebnisse den Rechenaufwand reduzieren.

1 Einleitung

Der Informationsaustausch in modernen technischen Systemen beruht zunehmend auf Kommunikationsnetzen. Dazu verwendete Techniken erstrecken sich von spezifischen Feldbussen bis zu herkömmlichem Ethernet. Hinzu kommen in zunehmendem Maße verschiedene Funknetze. Die von den Kommunikationsnetzen verursachten Verzögerungen haben, besonders für Automatisierungssysteme, einen erheblichen Einfluss auf Qualität, Sicherheit und Zuverlässigkeit des Gesamtsystems. Da in dieser Anwendungsdomäne das Echtzeitverhalten des Systems von entscheidender Bedeutung ist, muss dieses genau untersucht werden.

Aus der Anwendung von Kommunikationsnetzen in Automatisierungssystemen resultiert ein hybrides dynamisches Verhalten von informationellen und physikalischen Teilsystemen. Isolierte Betrachtungen der Teilsysteme, z.B. die diskrete Simulation der Kommunikationsnetze, reicht nicht aus, um verlässliche Prognosen über das Verhalten des Gesamtsystems anstellen zu können. Grund dafür ist, dass bei isolierter Betrachtung eines einzelnen Teilsystems meistens vereinfachende, nicht realistische Annahmen über die restlichen Teilsysteme getroffen werden. Für die Simulation des Gesamtsystems aus Kommunikationsnetz, eingebetteten Controllern und physikalischer Anlage gibt es grundsätzlich zwei Ansätze, entweder die koordinierte Ausführung vorhandener Werkzeuge aus den Bereichen Netzwerk- und Anlagensimulation oder mittels Modellierung und Simulation beider Systemteile in einem einzigen – allgemeinen – Werkzeug. Das Einsatzgebiet der ersten Methode ist wegen der unterschiedlichen Ausführungssemantik der Werkzeuge beschränkt. Beispielsweise darf nur eine der beiden

Simulationsinstanzen die globale Zeit weiterzählen, damit eine plausible Synchronisation erstellt werden kann. Außerdem muss der Modellierer mit zwei verschiedenen Werkzeugen und Modellierungssprachen umgehen. Deshalb wird im Folgenden die zweite Variante, also die integrierte Simulation in einem Werkzeug, näher betrachtet.

Unter Verwendung fortschrittlicher numerischer Verfahren, integriert in modernen Simulationswerkzeugen, lässt sich die komplexe hybride Dynamik bewältigen. Ein bekannter Ansatz für die Modellierung und Simulation hybrider Systeme ist die Modellierungssprache Modelica [1] in Verbindung mit ihren Werkzeugen wie bspw. Dymola. Jedoch ist Modelica eine universelle Modellierungssprache, die den Schwerpunkt auf die gleichungsbasierte Modellierung kontinuierlicher Systeme legt. Demzufolge sind die Beschreibungsfähigkeit für ereignisdiskrete Systeme sowie auch die Laufzeiteffizienz der Simulationen nicht optimal.

Dieser Beitrag behandelt die Besonderheiten der komponentenorientierten Modellierung von Kommunikationsnetzen in Modelica. Es werden Entwurfsmuster präsentiert, die besonders auf die Reduktion der Kodierungskosten und die Laufzeiteffizienz der Modelle abzielen. Zudem wird das separierte Simulationsthema zur effizienten Simulation hybrider Systeme vorgestellt. Die Methoden wurden in der Modelica-Bibliothek NCLib [2] (Network and Controller Library) umgesetzt.

2 Komponentenorientierte Modellierung von Kommunikationsnetzen in Modelica

Modelica ist eine objektorientierte Sprache zur Modellierung von komplexen physikalischen Systemen. Die Sprache ist gekennzeichnet durch die gleichungsbasierte Modellierung: Modelle werden mit differential-algebraischen Gleichungen beschrieben und das Auflösen von Gleichungen nach bestimmten Variablen wird automatisch von einem Modelica-Werkzeug (z.B. Dymola) durchgeführt. Diese Eigenschaft ermöglicht eine strukturerhaltende Modellkomposition und erhöht die Wiederverwendbarkeit von Modellen.

Kommunikationsnetze sind ereignisdiskrete Systeme. Die gängigen Modellierungs- und Simulationsansätze dafür basieren ebenfalls auf ereignisdiskreten Systemen. Ein Beispiel ist der Netzwerksimulator *ns-3* für detaillierte Analysen unterschiedlicher Netzprotokolle und Topologien. Modelica bietet diskrete Gleichungen um ereignisdiskrete Systeme zu modellieren. Dabei können die Zustandsänderungen durch Aktivieren und Deaktivieren bestimmter Gleichungen nachgebildet werden. Beispielhaft zeigt die Arbeit in [3] die Modellierung von Petri-Netzen mittels Gleichungen. Jedoch sind Systeme wie Kommunikationsnetze, die von sich aus gerichtete Signalflüsse aufweisen, mittels Algorithmen einfacher zu beschreiben. Der kausale Zusammenhang der Signale wird dabei durch die Zuweisungen und die Ausführungsreihenfolge der Algorithmen definiert.

Abb. 1 zeigt die Grundidee hinter der komponentenorientierten Modellierung von Kommunikationsnetzen. Eine typische Ende-zu-Ende-Verzögerung in Kom-

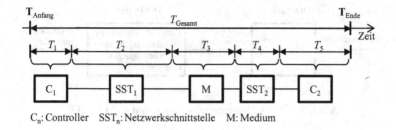

Abb. 1. Komponentenorientierte Modellierung von einer Ende-zu-Ende-Verzögerung.

munikationsnetzen T_{Gesamt} wird in unterschiedliche elementare Verzögerungen $(T_1$ bis $T_5)$ aufgeteilt. Diese elementaren Verzögerungen werden dann nach ihren Entstehungsorten den Modellen zugeordnet. Zum Beispiel modelliert das Controller-Modell C_1 die Bearbeitungszeit T_1 einer Nachricht. In der Simulation wird die Verzögerung T_1 durch zwei Ereignisse jeweils am Anfang und Ende des Zeitintervalls auf die simulierte Zeit notiert. Weiterhin aktiviert das Endereignis von T_1 unverzüglich das Anfangsereignis von T_2, dadurch wird die gesamte Verzögerung durch die Kombination elementarer Verzögerungen flexibel beschrieben.

Wie erwähnt kann das Verhalten einzelner Komponenten durch Algorithmen in Modelica nachgebildet werden. Ein Komponentenmodell verhält sich wie ein autonomer Agent, der auf Ereignisse am Eingang reagiert und entsprechende Ereignisse am Ausgang setzt. Da der Austausch von Ereignissen im gleichen Kommunikationskanal wie die tatsächliche Nachrichtenübertragung stattfindet, erreicht dieser Modellierungsansatz eine übersichtliche Struktur.

Eine Komponentenbibliothek, die Standardkomponenten wie z.B. die Netzwerkschnittstellen und das Medium beinhaltet, erleichtert die Modellierung von Kommunikationsnetzen. Hierzu haben wir eine Modellbibliothek namens *NCLib* in der Implementierungsplattform Modelica/Dymola erstellt. *NCLib* enthält Basismodelle, die das zeitliche Verhalten eines Kommunikationsnetzes beschreiben. Durch die flexible Parametrierung und Erweiterung um das funktionale Verhalten (z.B. Nachrichteninhalte) kann das System mittels Simulationen analysiert werden.

3   Entwicklungsprozess der Modellbibliothek *NCLib*

Im Hinblick auf die Simulation ist die resultierende Verzögerung das Ergebnis des Zusammenspiels interaktiver ereignisdiskreter Teilsysteme. Daher ist es sehr wichtig, das lokale Verhalten einzelner Komponenten sowie auch ihre Interaktionen effektiv und fehlerfrei zu erstellen. Da die Erstellung einer Modellbibliothek ein umfangreiches Softwareprojekt ist, haben wir uns für den OOAD-Ansatz (Objektorientierte Analyse und Design) (Abb. 2) entschieden. Ein Hauptmerkmal dieses Entwicklungsprozesses ist die Verwendung von konzeptuellen Modellen, die gleichzeitig zur Dokumentation und Implementierung dienen. Hierzu

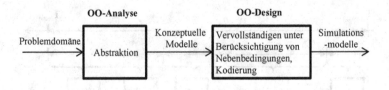

Abb. 2. Entwicklungsprozess basierend auf OOAD.

werden zwei Arten von UML-Diagrammen, das Zustandsdiagramm und das Sequenzdiagramm, eingesetzt. Das Zustandsdiagramm beschreibt das lokale Verhalten einer Komponente. Das Sequenzdiagramm veranschaulicht den kausalen Zusammenhang der Signale bzw. der Ereignisse. Die Integration der Beschreibungsfähigkeit von graphischen Formalismen und der Simulationsfähigkeit von Modelica-Werkzeugen bietet einen zweckdienlichen Ansatz für die Implementierung ereignisdiskreter Systeme.

3.1　Diversität konzeptueller Modelle

Für die Konvertierung von konzeptuellen Modellen in Simulationsmodelle haben wir Regeln definiert, die eine einheitliche Ausführungssemantik der beiden Modelle garantieren [4]. Wichtig ist es im OOD-Prozess, die Nebenbedingungen der Sprache und des Simulators zu erfassen und in der Implementierung zu berücksichtigen. Unter Verwendung der Konvertierungsregeln haben wir eine eindeutige Kodierungsmethode definiert. Somit lässt sich der resultierende Modellcode direkt aus den vorliegenden konzeptuellen Modellen bestimmen.

Im Gegensatz zur Kodierung ist die Abstraktion ein mehrdeutiger Prozess. Einerseits ergibt die Abstraktion je nach Interesse und Abstraktionsniveau unterschiedliche Ergebnisse. Andererseits können sich mehrere Modelle ergeben, die zwar das gleiche Verhalten beschreiben, sich aber bezüglich der Struktur und der Details unterscheiden. Betrachten wir hierzu beispielsweise die folgenden beiden Modelle eines Digitalzählers (Abb. 3). Der Digitalzähler hat zwei Eingänge, ein ,Start' Signal und einen Impulseingang ,z'. Solange das ,Start' Signal aktiviert ist, inkrementiert jeder Impuls ,z' den Zählerstand ,o' um 1. Dieses Verhalten lässt sich durch die beiden Zustandsdiagramme in Abb. 3 gleich beschreiben. Im Allgemeinen existiert immer Diversität unter konzeptuellen Modellen. Die Auswahl eines zur Implementierung besser geeigneten Modells ist eine wichtige Aufgabe des OOD-Prozesses.

3.2　Einschränkungen der Implementierungsplattform

In Hinblick auf die Modellierung und Simulation ereignisdiskreter Systeme zeigt Modelica/Dymola wesentliche Einschränkungen in folgenden drei Aspekten:

I. Invariante Modellstruktur

Die Objektorientierung wird in der Modelica-Sprache in erster Linie als Konzept zur Strukturierung verwendet. Hierbei wird die Vererbung betont, um die

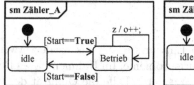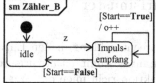

Abb. 3. Zwei unterschiedliche Modelle eines Digitalzählers.

Wiederverwendbarkeit der Modelle zu erhöhen. Jedoch ist wegen des gleichungs-basierten Ansatzes keine Unterstützung für die dynamische Objekterzeugung und den Nachrichtenaustausch gegeben. Das Simulationsmodell ist deshalb struk-turell invariant während der Simulation. Diese Beschränkung führt zu zwei we-sentlichen Problemen: 1. alle Modelle einschließlich ihrer Verbindungen müssen vor dem Start der Simulation instanziiert werden; 2. der Funktionsaufruf lässt sich nur mittels der Signaländerung und der entsprechenden Ereignisroutine rea-lisieren.

II. Anordnung gleichzeitiger Ereignisse

Gleichzeitige Ereignisse entstehen aus der Abstraktion von Interaktionen zwi-schen nebenläufigen Modellen. Um deterministisches Verhalten zu gewährleisten, müssen diese Ereignisse nach ihrem Kausalitätszusammenhang angeordnet wer-den. Innerhalb eines Modells kann die Sortierung solcher Ereignisse durch de-ren Deklarationsreihenfolge definiert werden. Wenn sich die Ereignisse aber auf mehrere Modelle verteilen, ist eine übersichtliche Anordnung schwer zu erreichen.

III. Simulation von hybriden Systemen

Simulation von hybriden Systemen basiert auf einem um Ereignisbehand-lung erweiterten kontinuierlichen Simulationsverfahren. Bei der Simulation hy-brider Systeme stellen die Ereigniserkennung und die folgenden Neustarts des numerischen Lösers mit sehr kleinen Anfangsschrittweiten den hauptsächlichen Rechenaufwand dar.

3.3   Anforderungen an konzeptuelle Modelle

In Bezug auf die in Abschnitt 3.2 genannten Einschränkungen haben wir für die konzeptuellen Modelle zwei wichtige Qualitätsmaßstäbe eingeführt: die Kodie-rungskosten eines konzeptuellen Modells und die Laufzeiteffizienz des entspre-chenden Simulationsmodells. Hinsichtlich des ersten Maßstabs ist eine übersicht-liche Struktur des konzeptuellen Modells von Vorteil. Ebenfalls wichtig ist es, möglichst einfache Schnittstellen und wenige komponentenübergreifende Funk-tionsaufrufe zu modellieren. Detaillierte Modelle diskreter Systeme erzeugen vie-le Ereignisse, die in der Simulation die Laufzeiteffizienz reduzieren. Es wird in erster Linie gefordert, wenige Ereignisse im Modell zu konzeptionieren. Dabei ist aber zu beachten, dass die Korrektheit und Genauigkeit des Modells ohne Abstriche erhalten werden müssen.

4   Entwurfsmuster

In der Softwareentwicklung dienen Entwurfsmuster als wiederverwendbare Lösungsvorlagen für bestimmte Entwurfsprobleme. Im Rahmen dieses Beitrags stellen sie Abstraktionsrichtlinien dar, mit deren Hilfe die Qualität der konzeptuellen Modelle verbessert werden kann. Im Folgenden werden drei Entwurfsmuster anhand konkreter Beispiele aus der Modellierung von Kommunikationsnetzen präsentiert. Das Anwendungsgebiet lässt sich auf die Modellierung anderer interaktiver ereignisdiskreter Systeme erweitern.

4.1   Verlagerung der Intelligenz

Dieses Entwurfsmuster zielt auf die beiden Einschränkungen I und II (siehe Abschnitt 3.2). Es soll die Komplexität der statischen Verbindungsstruktur der Simulationsmodelle und auch die Anzahl der gleichzeitigen Ereignisse verringern. Die Grundidee stammt aus dem Prozess-Scheduling. Ein Prozess-Scheduler verfügt über eine Arbitrierungslogik, die anhand der Anfrage aller Prozesse die Rechenleistung entsprechend aufteilt. Die zentrale Informationsverarbeitung ergibt ein logisches Kommunikationsschema in Stern-Topologie.

Obwohl Kommunikationsnetze unterschiedliche physikalische Topologien zeigen können, ist es in der Modellierung möglich, den Informationsaustausch mittels einer generischen logischen Stern-Topologie zu beschreiben. Ein möglicher Ansatz wird in Abb. 4a präsentiert. Hier ist das gesamte physikalische Medium als ein Signalrouter abgebildet. Die Einflüsse der physikalischen Topologie wie z.B. die Ausfallsicherheit und die redundanten Übertragungswege lassen sich auch problemlos in das Modell ‚Medium‘ abbilden.

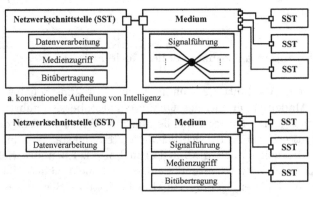

Abb. 4. Komponentenorientierte Modellierung von Kommunikationsnetzen mit unterschiedlichen Aufteilungen von Intelligenz.

Das Abstraktionsschema in Abb. 4 a verallgemeinerte die Topologie von unterschiedlichen Netzen. Jedoch ist die Aufteilung der Verhaltensintelligenz nicht optimal. Die Protokollfunktionen werden von jeder Netzwerkschnittstelle individuell ausgeführt. Einige Funktionen, wie z.B. die Medienzugriffsfunktion, benötigen relevante Informationen von allen Kommunikationsteilnehmern. Diese Art von Informationsaustausch verursacht vermehrte gleichzeitige Ereignisse in der Simulation.

Durch die Verlagerung der Intelligenz in eine Struktur nach Abb. 4 b werden die Funktionen, die die globale Information benötigen, in einem zentralen Modell gesammelt. Das gesamte Netz wird als eine Warteschlange abgebildet. Zugriffsverfahren werden als unterschiedliche Steuerungsalgorithmen der Warteschlange beschrieben. Das Modell des Mediums übernimmt die zentrale Verwaltungsaufgabe. Es entscheidet anhand des Zustands des Mediums und der Anfragen der Teilnehmer über das Hinzufügen bzw. das Zurückholen von Nachrichten. Die gesamte Verzögerung einer Nachrichtenübertragung wird dadurch dynamisch in der Simulation nachgebildet.

Die Verlagerung der Intelligenz vereinfacht die Anordnung gleichzeitiger Ereignisse. Da die Behandlung solcher Ereignisse innerhalb eines Modells stattfindet, ist es übersichtlich möglich durch die Deklarationsreihenfolge der Anweisungen die Ausführungssequenz der Ereignisse zu definieren. Darüber hinaus ermöglicht die zentralisierte Informationsverarbeitung die Verwendung einer globalen Ereignisliste. Basierend auf dieser globalen Ereignisliste kann eine minimierte Anzahl von Ereignissen durch effiziente Vor- und Umplanung der künftigen Ereignisse während einer Simulation erreicht werden. Daher bietet die Verlagerung von Intelligenz den Grundstein zu den folgenden Entwurfsmustern.

4.2 Minimale Darstellung von Ereignisketten

Nach unserem Abstraktionsschema ist eine Ende-zu-Ende-Verzögerung durch die Zusammensetzung elementarer Verzögerungen beschrieben. Das Endereignis einer elementaren Verzögerung wird durch das jeweilige Anfangsereignis mit einer Verzögerung in der Simulation dynamisch erzeugt. Dadurch ist die gesamte Verzögerung durch eine Ereigniskette beschreibbar.

Elementare Verzögerungen können in zwei Kategorien aufgeteilt werden: interaktive Verzögerungen und eigenständige Verzögerungen. Eine eigenständige Verzögerung zeichnet sich dadurch aus, dass ihr Endereignis beim Auftreten des entsprechenden Anfangsereignisses festgelegt und unverändert ausgeführt werden kann. Dagegen kann der Zeitpunkt für das Endereignis einer interaktiven Verzögerung durch andere Ereignisse verändert werden. Beispiele sind die unterbrechende bzw. nicht unterbrechende Ausführung eines Algorithmus.

Eine feste Kombination mehrerer eigenständiger Verzögerungen lässt sich durch zwei Ereignisse, jeweils am Anfang und am Ende, beschreiben. Die Zwischenereignisse werden ignoriert, sofern sie keine weiteren Auswirkungen verursachen können.

Außer der Optimierung einer Ereigniskette, die lediglich aus eigenständigen Verzögerungen besteht, ist es auch möglich, die Kombination von beiden Ar-

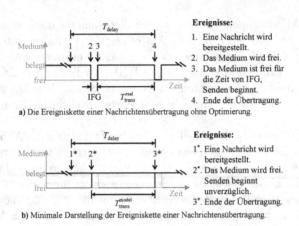

Ereignisse:

1. Eine Nachricht wird bereitgestellt.
2. Das Medium wird frei.
3. Das Medium ist frei für die Zeit von IFG, Senden beginnt.
4. Ende der Übertragung.

a) Die Ereigniskette einer Nachrichtenübertragung ohne Optimierung.

Ereignisse:

1*. Eine Nachricht wird bereitgestellt.
2*. Das Medium wird frei. Senden beginnt unverzüglich.
3*. Ende der Übertragung.

b) Minimale Darstellung der Ereigniskette einer Nachrichtenübertragung.

Abb. 5. Unterschiedliche Ereignisketten einer Übertragung nach CSMA-Verfahren.

ten von Verzögerungen zu optimieren. Ein Beispiel dafür ist die Modellierung des Interframe-GAP (IFG) zwischen zwei aufeinanderfolgenden Übertragungen. Abb. 5 a zeigt die Ereigniskette einer Nachrichtenübertragung nach dem CSMA-Verfahren. Vor dem Ende einer laufenden Übertragung, wird bei Ereignis 1 eine weitere Nachricht bereitgestellt. Dabei ist irrelevant, ob das Ereignis von derselben Station oder einer anderen Station verursacht wird. Diese Nachricht wird erst gesendet, wenn das Medium für das Zeitintervall von IFG frei ist.

In der minimalen Darstellung dieser Ereigniskette (Abb. 5 b) ist das Ereignis 3 eliminiert. Das IFG ist an die kommende Übertragung angehängt. Jedoch ist die untersuchte Ende-zu-Ende-Verzögerung T_{delay} unverändert geblieben. Dadurch ist eine 25%-ige Reduktion der Anzahl der Ereignisse für eine einzige Nachrichtenübertragung erreicht. Es ist nachweisbar dass durch die Optimierung das Systemverhalten nicht beeinflusst wird. Ein Beleg dafür ist die korrekte Erkennung von Kollisionen.

4.3 Ereignisbasierte Ausführung zyklischer Ereignisse

Zyklische Ereignisse finden sich vor allem im TDMA-Netz (Time Division Multiple Access). Beim TDMA-Verfahren wird jeder Station einer oder mehrere Zeitabschnitte zugeordnet. Die Station kann nur in diesen Zeitabschnitten Nachrichten übertragen. Typischerweise werden die Zeitabschnitte nach einer bestimmten Reihenfolge zyklisch zugewiesen. Neben dem klassischen synchronen Verfahren, bei dem jeder Station ein fester Zeitabschnitt zugeordnet wird, findet auch FTD-MA (Flexible TDMA) Verwendung. Bei FTDMA handelt es sich um ein Minislot-Verfahren. Ein Minislot ist ein kleiner Zeitabschnitt, der nicht ausreichend lang ist für eine normale Nachrichtenübertragung. Falls eine Station keine Nachricht senden möchte, läuft dieser Zeitabschnitt ab. Will eine Station eine Nachricht senden, dann verlängert sich ihr Zeitabschnitt entsprechend. Der FlexRay-Bus ist ein Beispiel, das die beiden Verfahren kombiniert; er nutzt das klassische

TDMA-Verfahren im statischen Segment und das FTDMA-Verfahren im dynamischen Segment.

Es ist möglich, das zyklische Verhalten durch periodische Ereignisse zu beschreiben. Jedoch hat nicht jedes Ereignis eine Auswirkung im Systemverhalten. In normalen Anwendungen sendet eine Station nicht in jedem zugeordneten Zeitabschnitt. Die mit den unbenutzten Zeitabschnitten verbundenen Ereignisse haben daher keine Auswirkung und können eingespart werden.

Abb. 6. Ereignisbasierte Ausführung zyklischer Ereignisse am Beispiel einer Nachrichtenübertragung in einem TDMA-Netz.

Anhand des Beispiels einer Nachrichtenübertragung in einem TDMA-Netz wird die ereignisbasierte Ausführung zyklischer Ereignisse erklärt (Abb. 6). Angenommen, die zyklischen Ereignisse repräsentieren die Anfangsereignisse der zugeordneten Zeitabschnitte. Die Station hat bei $\mathbf{T}_{te}$ eine Nachricht bereitgestellt. Das Ereignis wird erst bei Auftreten des Trigger-Ereignisses generiert. Die Zeitverschiebung T_{shift}^{next} lässt sich aus der Zykluszeit und $\mathbf{T}_{te}$ bestimmen. Das gleiche Prinzip kann auch in der Modellierung des FTDMA-Verfahrens benutzt werden. Der Unterschied liegt darin, dass das erforderte Ereignis durch das Auftreten weiterer Ereignisse verschoben werden kann. Demzufolge ist die Berechnung der Zeitverschiebung komplizierter.

5 Separiertes Simulationsschema

Durch die in Abschnitt 4 präsentierten Entwurfsmuster werden Simulationsmodelle mit höherer Laufzeiteffizienz erstellt. Dennoch kann die Laufzeiteffizient in vielen Anwendungen weiter gesteigert werden.

Ein Kommunikationsnetz ist an sich ein zeitbewertetes ereignisdiskretes System. Werden alle Ereignisse lediglich durch ihre Auftrittszeitpunkte beschrieben, benötigt der numerische Löser keine besonders hohe Genauigkeit. Die Zeitereignisse werden durch das Fortlaufen der Simulationszeit korrekt detektiert und behandelt. Für die Simulation eines Kommunikationsnetzes wird also eine grobe Genauigkeitsanforderung des Lösers eingestellt, um größere Schrittweiten und eine schnellere Simulation zu ermöglichen.

Wird ein Kommunikationsnetz mit einer konkreten Anwendung zusammen simuliert, bspw. bei vernetzten Automatisierungssystemen (VAS), so kann man die Simulationsschrittweiten nicht beliebig vergrößern, da die Simulation des physikalischen Prozesses eine relativ hohe Genauigkeit fordert. Anderseits existieren

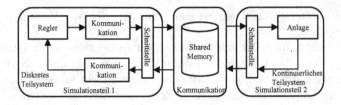

Abb. 7. Separierte Simulation vernetzter Automatisierungssysteme.

viele Ereignisse, die lediglich gebraucht werden, um einen genauen Zeitablauf zu definieren, aber keine direkte Auswirkung im kontinuierlichen Prozess haben. Genau solche Ereignisse stellen unnötig hohen Rechenaufwand dar. Das Problem lässt sich durch ein separiertes Simulationsschema (Abb. 7) bewältigen. Das hybride Systemmodell wird in ein diskretes und ein kontinuierliches Submodell zerlegt, die jeweils von einer eigenen Instanz des gleichen Simulators behandelt werden. Dadurch aktivieren all diejenigen Ereignisse, die im diskreten Subsystem nur lokale Auswirkung haben, keine unnötige Ereignisbehandlung im kontinuierlichen Subsystem. Zudem wird die Rechenleistung eines Mehrkernprozessors besser genutzt.

6 Zusammenfassung

Im Gegensatz zu einer isolierten Netzanalyse ermöglicht die Simulation von Kommunikationsnetzen mit einem universellen Werkzeug eine globale Betrachtung des Systemverhaltens eines netzbasiertes Systems. Jedoch sind wegen der Einschränkungen der vorhandenen Werkzeuge – im vorliegenden Beitrag Dymola/Modelica – bei der Modellierung einige Randbedingungen zu beachten. Der Beitrag beschreibt hierzu einen OOAD-basierten Entwicklungsprozess zur komponentenorientierten Modellierung von Kommunikationsnetzen. Unter Verwendung von speziellen Entwurfsmustern werden die konzeptuellen Modelle optimiert und als wiederverwendbare Bibliothekmodelle implementiert. Zur weiteren Effizienzsteigerung wird das separierte Simulationsschema zur effizienten Simulation von hybriden Systemen präsentiert.

Literaturverzeichnis

1. Tiller, M.: Introduction to Physical Modeling with Modelica. Springer, 2001.
2. Frey, G.; Liu, L.: *Modellierung und Simulation vernetzter Automatisierungs- und Regelungssysteme in Modelica.* at - Automatisierungstechnik 57 (9): 466-476, Sept. 2009.
3. Mosterman, P.J.; Otter, M.; Elmqvist, H.: *Modeling Petri Nets as Local Constraint Equations for Hybrid Systems Using Modelica.* Proc. SCS Summer Simulation Conference, Reno, Nevada, 1998, S. 314-319.
4. Liu, L.; Felgner, F.; Frey, G.: *Modellierung und Simulation von Cyber-Physical Systems,* Proc. 12th Fachtagung Entwurf komplexer Automatisierungssysteme (EKA 2012), Magdeburg, Germany, 2012, pp. 149-157.

Realisierung eines Konzeptes zur Diagnose ethernetbasierter Echtzeitkommunikationssysteme

Jens Folmer, Dorothea Pantförder, Jochen W. Guck,
Amin Hosseini und Birgit Vogel-Heuser

Lehrstuhl für Automatisierung und Informationssysteme
Technische Universität München, 85748 Garching bei München
[folmer|pantfoerder|guck|hosseini|vogel-heuser]@ais.mw.tum.de

Zusammenfassung. Diese Arbeit beschäftigt sich mit dem Thema der Diagnose von Echtzeitkommunikationssystemen auf Basis von Industrial Ethernet. Durch die Visualisierung soll ein Überblick über das Kommunikationssystem vermittelt und eine effektive Diagnose ermöglicht werden. Um den Nutzer zu unterstützen, sollen auf Basis von Anamoliedetektion Fehlermeldungen analysiert und die möglichen Fehlerquellen lokalisiert werden. Zusätzlich zur Vorstellung dieses Konzeptes wird der aktuelle Implementierungsstand erläutert. Im ersten Schritt wurden Methoden der Datenextraktion und der Visualisierung implementiert.

1 Einleitung

Klassische Feldbussysteme der Automatisierungstechnik werden immer häufiger von Ethernet-basierten Echtzeitkommunikationssystemen abgelöst. Die Grundidee für die Entwicklung von Ethernet für industrielle Anwendungen war seine dominante Rolle in der Bürowelt [10]. So bietet Industrial Ethernet hohe Bandbreite und Vielfalt bei der Wahl der Topologie. Aber gerade die Vielfalt bei der Topologie und die Möglichkeit, alle Automatisierungskomponenten an einem Kommunikationssystem anzuschließen, führen dazu, das die Übersicht über das Gesamtsystem verloren geht, was die Diagnose eines solchen Systems erschwert. Um die Vorteile von Industrial Ethernet zu nutzen, ist es unbedingt notwendig, die Übersicht zurück zu gewinnen. Dies kann über geeignete Visualisierungen erreicht werden.

2 Stand der Technik

PROFINET [7] stellt solch ein modernes Kommunikationssystem, das auf Ethernet (IEEE 802.3) basiert und in IEC 61158 und IEC 61784 spezifiziert wurde, dar. Alle Netzkomponenten dieses Kommunikationssystems sind durch Switche miteinander verbunden, wodurch eine physikalische „Punkt-zu-Punkt"-Verbindung zwischen den einzelnen Datenübertragungsstrecken erstellt werden kann. Obwohl PROFINET wie Ethernet CSMA/CD-Verfahren zum Zugriff auf Datenübertragungskanäle verwendet, werden Datenkollisionen mit Hilfe von Switching vermieden.

Nach Greifeneder [5] treten in diesen netzbasierten Automatisierungssystemen zusätzliche Fehlerquellen auf. So können gleichzeitige Zugriffe auf Ressourcen zu Verzögerungen führen, Einzelverbindungen können sich zu einem komplexen Gesamtverhalten überlagern, aber auch die Netzwerkkomponenten (z.B. Kabel, Switch etc.) selbst beinhalten Quellen für Verzögerungen und Informationsverluste. Diese Fehlerquellen können zu einem Verlust der Echtzeitfähigkeit des Gesamtsystems führen, wodurch eine Überwachung und Diagnose des Kommunikationssystems unumgänglich ist. Allerdings weisen Ethernet-basierte Kommunikationssysteme einen höheren Komplexitätsgrad auf als klassische Feldbussysteme, wodurch die dort eingesetzten Analysemethoden nur bedingt auf Ethernet-basierte Kommunikationssysteme übertragbar sind [9].

Momentan existieren drei Arten von Netzwerkdiagnose-Systemen, die den Anwender bei der Netzwerkdiagnose unterstützen. Die erste Klasse umfasst Sniffer-basierte Diagnosesoftware wie zum Beispiel [11], [14] und [16], die den Datenverkehr passiv überwachen. Die zweite Klasse von Netzwerkdiagnosetools bezieht sich auf Stand-Alone-Messsysteme wie [15] und [13]. Diese Monitore ermöglichen eine permanente passive Überwachung einer Feldinstallation. Die dritte Klasse bilden Handgeräte, wie zum Beispiel [12], welche eine Diagnose der Kommunikationssystems im Feld ermöglichen. Die genanten Diagnosetools werten lediglich das Datenaufkommen in einer Kollisionsdomäne des Netzwerks aus.

Um die überwachten Datenströme zu analysieren bieten sich Methoden der Anomaliedetektion an. Anomaliedetektion wird zur Detektion von Anomalien beim Datenaustausch verwendet. Anomaliedetektion dient dazu, die Datenserien in einem angegebenen Datensatz zu finden, die sich von normalen Daten unterscheiden. Anamoliedetektionsmethoden unterteilen sich wie folgt:

- **Sequence Based Anomaly Detection** – die anomale Sequenzen innerhalb einem Datensatz von Testsequenzen detektiert.
- **Contiguous Based Anomaly Detection** – die zusammenhängte anomale Subsequenzen innerhalb einer Sequenz detektiert.
- **Pattern Frequency Based Anomaly Detection** – die Muster innerhalb einer Testsequenz mit anomaler Auftrittshäufigkeit detektiert.

Die ermittelten Netzwerktopologien sowie der Netzwerkstatus werden meist in einer Listenansicht visualisiert. Jäger [6] und Renzhin [8] haben in ihren Arbeiten festgestellt, dass die visuelle Darstellung der Netzwerktopologie der Netzwerkdiagnose als Grundlage dienen soll.

3 Konzept

Um ein komfortables und somit auch effizientes Arbeiten mit Industrial Ethernet zu ermöglichen, muss der Nutzer mit einem ganzheitlichen Ansatz unterstützt werden. Im ersten Schritt soll es dem Nutzer ermöglicht werden, einen Überblick über das Echtzeitkommunikationssystem zu erlangen. Hierbei sollen neben der Topologie auch Informationen über den Status des Echtzeitkommunikationssystems dargestellt werden, wodurch das Verständnis über die eingesetzte Echtzeitkommunikationstechnologie gesteigert werden kann. Der zweite Schritt besteht darin, den Nutzer aktiv bei der Diagnose des Echtzeitkommunikationssystems zu unterstützen. Dieser Ansatz lässt sich in drei Problemstellungen zerlegen:

- **Datenextraktion** – Gewinnung der relevanten Daten des Kommunikationssystems. Dies umfasst Topologie, Linkstatus, Linkstatistik und protokollspezifische Informationen.
- **Anomaliedetektion** – Fehlerdiagnose von Netzwerkteilnehmern und zur Analyse von Folgefehlern im Netzwerk.
- **Visualisierung** – Darstellung der gewonnenen Informationen.

Die Konzepte zur Lösung dieser Problemstellungen werden in den folgenden Kapiteln näher erläutert.

3.1 Datenextraktion

Die Daten, welche sich aus dem Echtzeitkommunikationssystem gewinnen lassen, können in Topologie- und Statusdaten unterteilt werden. Diese Daten können sowohl aktiv als auch passiv ermittelt werden. Für die aktive Topologieermittlung in einem PROFINET-Netzwerk sind folgende Schritte notwendig [6, 8]:

- Mit dem PROFINET.DCP.identifyALL.request können die IP-Adressen aller PROFINET-fähigen Geräte ermittelt werden.
- Mittels dieser IP-Adressen können über das Simple Network Management Protocol (SNMP) die in der Management Information Base (MIB) gespeicherten Nachbarschaftsinformationen ausgelesen werden.
- Die aus den Geräten gewonnenen Nachbarschaftsinformationen werden zu einem Graph zusammengesetzt.

Um den Graphen mit Statusinformationen anzureichern, stehen sowohl passive als auch aktive Methoden zur Verfügung. Passive Methoden zeichnen sich im Gegensatz zu aktiven Methoden dadurch aus, das keine zusätzliche Netzlast generiert wird. Um aktiv Statusinformationen zu ermitteln existieren mehrere Möglichkeiten:

- **ICMP.Echo.requests (ping)** – jeder erkannte Netzwerkteilnehmer wird zyklisch angefragt, wodurch eine Überprüfung der Verfügbarkeit des Teilnehmers möglich ist.
- **SNMP** – jedes PROFINET-fähige Gerät muss SNMP unterstützen und wie in der aktuellen Spezifikation festgelegt auch Port-Statistiken mitführen. Somit ist es möglich, jeden Teilnehmer zyklisch abzufragen, um den Verbindungsstatus der Links und die Verfügbarkeit der Teilnehmer zu ermitteln.

Diese Methoden ermöglichen es, durch Verwendung von Standardprotokollen Statusinformationen aus einem Industrial Ethernet zu extrahieren. Allerdings können pollende Abfragen für ein großes Netzwerk zu einer starken Belastung führen, was dazu führt, das ein Diagnosetool selbst zum Versagen des Echtzeitkommunikationssystemes führt.

Die passive Möglichkeit der Überwachung stellen die im Stand der Technik erwähnten Monitore dar. In Abbildung 1 wurde eine Beispieltopologie dargestellt. Sie beinhaltet die Stern-, Ring- und Linientopologie. Zusätzlich wird der Datenstrom eines Büronetzes durch das Industrial Ethernet geleitet. Im Netzwerk wurden zwei Controller, zwei Switche, fünf Monitore und neun Devices verbaut. Ein Monitor ist in der Lage, als transparentes Netzwerkdevice den Datenstrom zu analysieren. Die Analyse basiert auf protokollspezifischem Wissen, was bedeutet, dass der Monitor alle zu überwachenden Protokolle unterstützen muss. Erkannte Fehler können idealerweise über SNMP abgefragt oder mit Hilfe von SNMP-Traps ausgeliefert werden. SNMP-Traps sind eine in der Spezifikation von SNMP verankerte Funktionalität, die es einer überwachenden Instanz ermöglicht, sich an das zu überwachende Device anzumelden. Anschließend wird die überwachende Instanz selbstständig vom Device über Änderungen im Netzwerkstatus informiert. Um den Gesamtstatus des Echtzeitkommunikationssystems analysieren zu können, muss eine Datenanalyse an drei Punkten im Netzwerk geschehen.

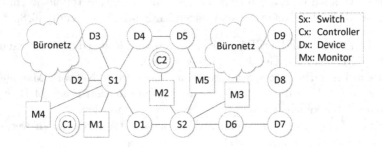

Abb. 1. Beispieltopologie zur passiven Überwachung eines Industrial Ethernet

- **Controlleranbindung (M1; M2)** – Die Überwachung der Controlleranbindung ermöglicht es, alle Controller-Device-Verbindungen zu überwachen. Somit ist unter der Annahme, das keine Kommunikation zwischen den Devices stattfindet, der Nutzdatenverkehr des Industrial Ethernets überwacht.
- **Redundanzringe (M5)** – Da Ringstrukturen im Industrial Ethernet meist zur Schaffung einer Zwei-Wege-Redundanz verwendet werden, muss jede Ringstruktur einzeln überwacht werden, um den Redundanzfall festzustellen.
- **Kopplungen mit anderen Netzwerken (M3; M4)** – Um den Einfluss von Fremdnetzwerken zu überwachen, ist jeder Kopplungspunkt mit einem Monitor zu versehen.

Werden diese drei Stellen mit Hilfe von Monitoren überwacht, ist es somit möglich, den Gesamtstatus des Echtzeitkommunikationssystems zu erfassen. Aus Abbildung 1 wird außerdem ersichtlich, das sich alle Monitore um die Switche anordnen. Somit wäre es auch eine Überlegung wert, künftige Switche mit Monitoringfunktionalität auszustatten.

3.2 Kausalitätsanalyse von Störungen durch Anomaliedetektion

Eines der Hauptprobleme von großen, verteilen und dezentralen Automatisierungsnetzwerken ist das Identifizieren von Ursachen im Fehlerfall und die Auswirkung von Fehlerfällen auf andere Geräte. Dadurch ist es im Fehlerfall nur schwer möglich, die Stelle zu identifizieren, welche für den Fehler verantwortlich ist, da z.B. eine überlastete Datenleitung zum Ausfall eines Geräts führen kann, was wiederum andere Teilbereiche der Anlage beeinträchtigen kann.

Bisher existieren zur Fehlererkennung lediglich baumartige Strukturen in den zur Verfügung stehenden Editoren, die vor der Anwendung manuell konfiguriert werden müssen und dann über ein Ampelprinzip den Status der Geräte im Anlagenbetrieb kenntlich machen. Eine Analyse während des Betriebs durch Abhören und automatisches Verarbeiten des Datenstroms, um ursächliche Fehler und deren Auswirkung auf andere Netzwerkteilnehmer zu erkennen, ist im industriellen Umfeld derzeit nicht etabliert.

Um kausale Zusammenhänge von Fehlern durch Datenanalyse zu finden, wurde bereits in der Vergangenheit ein Algorithmus entwickelt, der offline Alarmdaten, also Alarmmeldungen die in einem Meldungsarchiv gespeichert sind, analysiert [3]. Anhand statistischer Auswertungen wurden in hoch frequentierten Meldungskonstellationen so genannte Alarm-Sequenzen detektiert, die auf Ursache-Wirkungsprinzipien hindeuten. Am Anfang einer gefundenen Alarm-Sequenz ist die Hauptursache zu finden. Durch die statistische Auswertung wurden jedoch auch zufällig entstandene Alarm-Sequenzen erkannt, so dass die gefundenen Alarm-Sequenzen von Experten mit gutem Prozesswissen begutachtet werden müssen.

Um diesem Nachteil entgegenzuwirken wurde in weiterführenden Forschungsarbeiten eine modellbasierte Analyse entwickelt (vgl. [4]), um durch semiüberwachtes Lernen die Signifikanz der gefundenen Alarm-Sequenzen zu erhöhen. Hierbei handelt es sich um einen zweistufigen Ansatz zur Datenextraktion aus Modellen und der Anwendung von Anomaliedetektion. Grundsätzlich basiert die Anomaliedetektion auf der Analyse von diskreten Ereignissen durch Vergleich von Sequenzen (Datenpaketen). Diskrete Ereignisse sind im Rahmen dieser Arbeit die übertragenen Datenpakete über den Feldbus und durch die Netzwerkteilnehmer. Gefundene Unregelmäßigkeiten in den verglichenen Sequenzen (zu Normalsequenzen) werden über einen „Anomaly-Score" augedrückt.

Das semi-überwachte Lernen findet ebenfalls Anwendung bei der Überwachung von Netzwerken zum Schutz vor Hacker-Angriffen, Fehlern und Systemfehlern, jedoch bisher nicht von echtzeitfähigen Netzwerken. Ein Nachteil des semi-überwachten Lernens ist, dass der dahinter liegende Algorithmus durch Normalsequenzen vor dem betrieblichen Einsatz „angelernt" werden muss [1]. Normalsequenzen sind Meldungen, die idealerweise keine Störungen beinhalten, also lediglich das Gut-Verhalten der Anlage. Normalsequenzen zu erstellen sind bei der Komplexität von Anlagen und durch die Menge an generierten Daten nicht möglich. Der in [4] vorgestellte Ansatz verwendet einen modellbasierten Ansatz, um Normalsequenzen aus einer Menge von Meldungsdaten zu extrahieren und deren Signifikanz mathematisch zu beurteilen. Hierbei sind Anlagenstruktur, Materialfluss und historische Alarmdaten die Hauptinformationen für die Extraktion. Projiziert auf echtzeitfähige Ethernet-basierte Netzwerke sind dies die Netzwerktopologie, der Datenfluss zwischen den Komponenten und die historischen Datenpakete, die im Rahmen der hier vorgestellten Ansätze vorhanden sind. Über die automatische Topologieermittlung in Kapitel 3.1 sind die Nachbarschaftsbeziehungen bekannt. Diese Informationen können im oben genannten Ansatz verwendet werden, um Fehlerfälle und Auswirkungen von Fehlern im Netzwerk zu ermitteln, was zukünftig evaluiert werden soll.

3.3 Visualisierung

Um die bestehenden Diagnosemöglichkeiten zu verbessern schlägt Renzhin [8] die Einführung von fünf Visualisierungssichten vor:

1. **Strukturelle Sicht** – zur Gewinnung eines Überblicks über die Anlage oder deren Teilkomponenten
2. **Geographische Sicht** – zur Zuordnung von Netzwerkkomponenten zu ihrem Montageort.
3. **Hyperbolic Tree** – Interaktive Ansicht zur schnellen Navigation in großen Netzwerken
4. **Hierarchische Sicht** – zur visuellen Analyse des Netzwerkzustandes anhand der Statusvisualisierung von Netzwerkverbindungen und der Netzwerkteilnehmer.
5. **3D-Sicht** – zur verbesserten Diagnose mit Hilfe von interaktiven 3D-Elementen, welche eine zusätzliche Informationsdichte durch Verwendung der dritten räumlichen Dimension aufweisen.

Der durch Datenextraktion gewonnene Graph (Kapitel 3.1) wird in Kombination mit den Ursache-Wirkung-Zusammenhängen in eine dieser Sichten transformiert. Bei Bedarf kann auch zwischen den verschiedenen Darstellungskonzepten gewechselt werden. In Abbildung 2 wurde beispielhaft die Transformation des Graphen in die hierarchische Sicht dargestellt. In der hierarchischen Sicht werden fehlerhafte Komponenten rot markiert. So wird es dem Nutzer ermöglicht, die gesamten Statusinformationen des Netzwerkes zu erfassen und auf Basis dieser Informationen eine Diagnose zu stellen.

In der 3D-Sicht hingegen werden die durch Anomaliedetektion berechneten Fehlerwahrscheinlichkeiten in der dritten Dimension dargestellt werden.

4   Prototypische Umsetzung

Um das vorgestellte Konzept zu überprüfen wurde ein Prototyp im Rahmen einer studentischen Arbeit [2] entwickelt. Den Fokus dieser Arbeit bildeten die Problemstellungen der Datenextraktion und der Visualisierung. Der Prototyp wurde als Server-Client-Applikation realisiert. Wobei die Datenextraktion durch einen Server realisiert wurde, der seine Daten auf Basis von Webservices zur Verfügung stellt. Die Visualisierung wurde clientseitig realisiert. Dieser Aufbau ermöglicht, dank der starken Trennung zwischen Funktionalität und Visualisierung, die einfache Wiederverwendung und Erweiterung von Teilkomponenten.

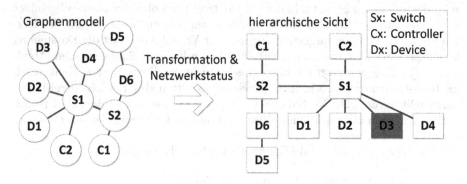

Abb. 2. Transformation des Graphenmodells eines ethernetbasierten Echtzeitkommunikationssystems in dessen hierarchische Sicht.

4.1 Datenextraktion

Der Server unterstützt momentan drei Möglichkeiten der Datenextraktion in einem PROFINET-Netzwerk.

- **Topologieermittlung (aktiv)** – mittels PROFINET.DCP.identifyAll.request und SNMP.
- **Systemstatusüberwachung (aktiv)** – zyklische Abfrage der SNMP-Daten, um Gerätestatus und Topologie aktuell zu halten.
- **Systemstatusüberwachung (passiv)** – Mitlesen der PROFINET.DCP.-identify.requests der SPS (Speicherprogrammierbare Steuerung) zum Auffinden von konfigurierten PROFINET-Devices, die nicht im Netzwerk vorhanden sind.

Mit diesem System wurden an einem Labor-Netzwerk folgende Szenarien untersucht. Die Messungen dienen einer ersten Abschätzung der Leistungsfähigkeit des Systems und wurden nicht auf Grenzwerte hin untersucht. Das Labor-Netzwerk besteht aus 27 Geräten, die alle mittels PROFINET.DCP.identifyAll.request erkannt wurden. Dieser Vorgang dauert ungefähr 3,5 Sekunden. Allerdings ist die Erkennungsgeschwindigkeit maßgeblich von der Implementierung der Feldgeräte abhängig, weswegen keine allgemeingültigen Schlüsse aus diesem Wert gezogen werden können. Die Erkennung der physikalischen Geräteverbindungen mittels SNMP dauert ungefähr 30 Sekunden. Dieser Wert hängt ebenfalls sehr stark von der Implementierung der Feldgeräte ab. Da im Labor-Netzwerk auch ältere PROFINET-Geräte vorhanden sind, die keine SNMP-Unterstützung aufweisen, konnten nur 17 Geräten die physikalischen Verbindungen zugeordnet werden.

4.2 Visualisierung

Die Visualisierung wurde in einer Client-Applikation realisiert. In Abbildung 3 sind die beiden Varianten der hierarchischen Sicht dargestellt. Abbildung 3 (a) zeigt die hierarchische Sicht, in der der Controller auf oberster Ebene abgebildet wird. Die zweite Ebene ist für die Switche vorgesehen, während auf der letzten Ebene die Devices dargestellt werden. Der Vorteil dieser Art der Darstellung ist die gute Visualisierung von Controller-Device-Kommunikationspfaden. Abbildung 3 (b) hingegen zeigt die hierarchische Sicht auf Basis einer Bildungsregel, die Ringstrukturen hervorhebt, wodurch Deviceketten als Kreis bzw. Kreisbogen dargestellt werden. Der Vorteil dieser Art der Visualisierung ist die gute Erkennbarkeit von redundanten Pfaden. Nicht verbundene Geräte werden am Rand des Bildschirms dargestellt.

Der Netzwerkstatus wird über die Farbgebung kodiert:

- **rot** – Ein Device oder ein Link ist ausgefallen.
- **gelb** – Ein Device wurde zwar projektiert, ist allerdings nicht im Netzwerk vorhanden.
- **grün** – Ein Device oder ein Link ist online.

Zudem wurde eine GUI implementiert, welche Funktionen wie Zoom, Topologie Refresh und den Wechsel der Visualisierungssicht ermöglichen.

5   Zusammenfassung und Ausblick

In dieser Arbeit wurde das konzeptionelle Zusammenspiel von Datenextraktion (Kapitel 3.1), Anomaliedetektion (Kapitel 3.2) und Visualisierung (Kapitel 3.3) näher vorgestellt. In einer prototypischen Implementierung wurden Verfahren der Datenextraktion und der Visualisierung umgesetzt. Das implementierte Verfahren zur Datenextraktion (Kapitel 4.1) weist Schwächen in der Einlesegeschwindigkeit und der zum Auslesen benötigten Bandbreite auf. Ein Ansatz, um die benötigte Bandbreite zu verringern und die Einlesegeschwindigkeit zu erhöhen wäre der Wechsel von einem pollenden zu einem ereignisgetriebenen Auslesen. Das Konzept hierzu wurde in Kapitel 3.1 vorgestellt. Die Verwendung von intelligenten Monitoren ermöglicht es, Fehler in Datenströmen zu erkennen und diese Ereignisse an einen Diagnoseserver zu senden. Im Diagnoseserver werden diese inkrementellen Änderungen des Systemstaus in den Systemgraph eingefügt und ausgewertet. So kann eine relativ aktuelle Datenbasis zur Anomaliedetektion geschaffen werden. Das Visualisierungskonzept, auf Basis einer Clientanwendung, hat sich als sehr vielversprechend erwiesen. In einem nächsten Schritt sind weitere Visualisierungssichten zu implementieren und für die Darstellung der durch die Monitore gewonnenen Informationen weiter zu detaillieren. Zusätzlich sind noch Verfahren der Anomaliedetektion in den Prototypen zu implementieren. In einer abschließenden Evaluation ist zu klären, welche Visualisierungssichten und ob Anomaliedetektion die Diagnose von Echtzeitkommunikationssystemen unterstützen.

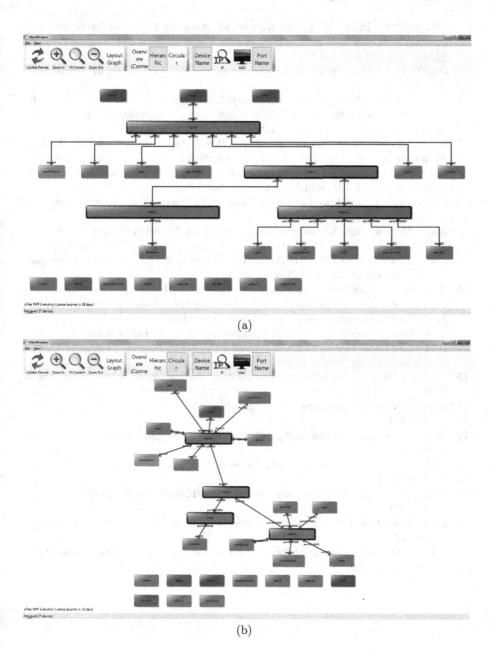

(a)

(b)

Abb. 3. Beispieltopologie

Literaturverzeichnis

1. Chandola, V., Banerjee, A. und Kumar, V.: *Anomaly Detection for Discrete Sequences: A Survey* in *IEEE Transactions on Knowledge and Data Engineering, Vol 24, Iss 5, S 823 839*, 2012
2. Dankl, C.: *Automatische Topologieerkennung und Visualisierung industrieller Ethernet Netze*, 2012
3. Folmer, J. und Vogel-Heuser, B.: *Computing Dependent Industrial Alarms for Alarm Flood Reduction* in *9th IEEE Conference on Systems, Analysis and Automatic Control (SAC'12)*, Chemnitz Deutschland 2012
4. Folmer, J. und Vogel-Heuser, B.: *Model-Based Approach to Generate Training Sequences for Discrete Event Anomaly Detection in Manufacturing* in *1st IFAC Conference on Embedded Systems, Computational Intelligence and Telematics in Control (CESCIT'12)*, Würzburg Deutschland 2012
5. Greifeneder, J., und Frey, G.: *Analyse des Antwortzeitverhaltens netzbasierter Automatisierungssysteme* atp 2007
6. Jäger, M., und Just, R. *Using automatic Topology Discovery to diagnose PROFINET networks* IEEE ETFA 2011
7. Popp, M.:*Das PROFINET-IO-Buch: Grundlagen und Tipps für den erfolgreichen Einsatz* 2nd ed. Berlin: VDE-Verlag, 2010
8. Renzhin, D., Pantförder, D., Folmer, J., und Vogel-Heuser, B.: *Darstellungskonzepte für die zustandsabhängige Diagnose industrieller Kommunikationsnetzwerke für verteilte Automatisierungssysteme* in *8. Dagstuhl-Workshop MBEES 2012: Modellbasierte Entwicklung eingebetteter Systeme* Clausthal Deutschland 2012
9. Welter, J.: *Diagnosesystem für Industrial Ethernet Netzwerke* Technische Universität München: Sierke Verlag 2010
10. Zurawski, R.:*The Industrial Communication Technology Handbook*: CRC Press, 2005
11. http://www.wireshark.org
(2. Juli 2012)
12. http://www.inat.de/index.php?165&backPID=165&tt_products=716
(9. Juli 2012)
13. http://www.inat.de/index.php?165&backPID=165&tt_products=99
(9. Juli 2012)
14. http://www.inat.de/index.php?165&backPID=165&tt_products=97
(9. Juli 2012)
15. http://www.t-h.de/de/industrial-communication/produkte/th-link.html
(2. Juli 2012)
16. http://www.t-h.de/de/industrial-communication/produkte/th-scope.html
(2. Juli 2012)

Ein Ansatz zur integrierten Sicherheitsanalyse komplexer Systeme

Michael Roth, Max Steiner und Peter Liggesmeyer

Lehrstuhl für Software Engineering: Dependability
Technische Universität Kaiserslautern, 67653 Kaiserslautern
michael.roth|steiner|peter.liggesmeyer@cs.uni-kl.de

Zusammenfassung. Um Systeme zu schützen, die mit der Umwelt über verschiedene Kommunikationskanäle (WLAN, RFID, Internet, ...) kommunizieren, müssen neuartige Verfahren entwickelt werden, die die funktionale Sicherheit und die Datensicherheit unter gemeinsamen Gesichtspunkten betrachten. Dies gilt vor allem im Bereich sicherheitskritischer Systeme, da dort Angreifer die funktionale Sicherheit eines Systems durch Schwachstellen der Datensicherheit beeinflussen können. Hier wird eine domänenübergreifende Sicherheitsanalyse diskutiert, wodurch die Brücke zwischen beiden Bereichen geschlagen werden kann. In beiden Domänen existieren bereits ähnliche Analysemethoden, deren Basis baumartige Modelle darstellen. Auf der Kombination von Fehler- und Angriffsbaum aufbauend wird ein Verfahren vorgestellt, welches qualitative und quantitative Analyseverfahren beider Bereiche vereint.

1 Einleitung

Bei der Analyse und dem Entwurf heutiger softwarebasierter Systeme muss sichergestellt werden, dass deren Gefahrenpotenzial eine definierte Akzeptanzschwelle nicht übersteigt. Dazu müssen zusätzlich zu funktionalen Sicherheitsaspekten (Safety) auch immer häufiger Aspekte der Datensicherheit (Security) mit in Betracht gezogen werden. Eine große Herausforderung besteht darin, Systeme, die einerseits sicherheitskritisch sind, andererseits aber auch mit der Umwelt kommunizieren, auf eine geeignete und umfassende Weise zu schützen. Dazu können bereits etablierte Methoden, wie z. B. Firewalls und Passwortschutz, eingesetzt werden, die die Vertraulichkeit und die Integrität der Daten gewährleisten. Jedoch muss auch deren Verfügbarkeit sichergestellt werden. Gerade wenn es um die funktionale Sicherheit geht, spielt das Ausbleiben von sicherheitsrelevanten Diensten eine bedeutende Rolle, da Angriffe verhindern können, dass kritische Systemzustände behandelt werden. Aus diesem Grund wird es in Zukunft immer wichtiger, die Safety-Eigenschaft eines Systems unter Berücksichtigung der Security-Eigenschaft zu gewährleisten.

2 Problemstellung

In der Vergangenheit gab es keine Notwendigkeit, die Safety- und Security-Eigenschaft eines Systems gemeinsam zu betrachten, da Security-Aspekte hauptsächlich in Informationssystemen und Safety-Aspekte hauptsächlich in eingebetteten Systemen zu Tragen kamen. In den letzten Jahren hat sich diese Situation geändert. Heute ist ein großer Teil eingebetteter Systeme in der Lage, über Schnittstellen mit der Umwelt zu kommunizieren, wobei Security-Sicherheitslücken Auswirkungen auf die Safety-Eigenschaft dieser Systeme haben können. Erschwerend kommt hinzu, dass nach einer sicherheitstechnischen Abnahme von zertifizierungsbedürftigen Systemen eine Systemänderung nur noch mit großem Aufwand erfolgen kann, da der Abnahmeprozess erneut durchgeführt werden müsste. Aus diesem Grund ist es von immer größerer Bedeutung, dass ein gemeinsames Verständnis von Safety und Security erreicht wird und die Security-Analyse zeitgleich zur Safety-Analyse stattfindet. Da bisher kaum Möglichkeiten existieren, diese zwei Disziplinen zusammen in einem gemeinsamen Modell zu betrachten und zu analysieren, wird in diesem Beitrag eine Methode zur qualitativen und quantitativen Sicherheitsanalyse mittels eines einheitlichen Modells vorgestellt. Um die Akzeptanz eines einheitlichen Analyseprozesses zu erhöhen, ist es sinnvoll, etablierte Methoden beider Teilbereiche in eine einheitliche Methode zu überführen.

3   Verwandte Arbeiten

Das erste Mal wurden Fehlerbäume von H. R. Watson 1961 vorgestellt [5]. Diese wurden in den Bell Forschungslaboratorien für Zuverlässigkeits- und Sicherheitsanalysen entwickelt und später von Boeing übernommen. Die Fehlerbaumanalyse wurde stets weiter entwickelt und an die sich ändernden Anforderungen angepasst. Dazu zählen z. B. der zunächst fehlende Bezug zu Systemarchitekturen, wie er über die Komponenten-Fehlerbäume von Kaiser et al. [6] eingeführt wurde.

Angriffsbäume dagegen wurden 1999 von B. Schneier [2] eingeführt, um Bedrohungen eines Systems zu beschreiben. In [7] wird ein Verfahren vorgestellt, welches Angriffsbäume dahingehend erweitert, dass nicht nur Schwachstellen in die Analyse einfließen, sondern auch Angreifer-Operationen und Annahmen über Angreifer und System. Dadurch entstehen Angriffsbäume, deren Elemente grafisch unterscheidbar sind. In [9] und [8] werden Angriffsbäume automatisiert erstellt. Tidwell et al. stellen in [9] ein Framework vor, das parametrisierte Angriffsbäume mit einer Spezifikationssprache für Systeme zusammenbringt. Zuerst analysiert ein Netzwerkscanner das Netzwerk und beschreibt es formal. Danach werden in einer Datenbank spezifizierte Schwachstellen dazu verwendet, das Netzwerkmodell gezielt nach Angriffsmöglichkeiten zu untersuchen. Dabei identifizierte Angriffe bilden die Grundlage für mehrstufige Angriffssequenzen, die dann grafisch in Angriffsbäumen zusammengefasst werden. In [8] werden Angreifer-Profile und Netzwerkmodelle verwendet, um Angriffsszenarien (sogenannte Angriffsketten) zu erstellen, die dann in einfache Angriffsbäume (durch ODER-Verknüpung) umgewandelt werden. Diese Ansätze ermöglichen jedoch keine gemeinsame Betrachtung von Ausfällen und Angriffen, da sie hauptsächlich für die Verwendung in Informationssystemen entwickelt wurden.

In [13] wird mittels einer Fallstudie gezeigt, dass eine gemeinsame Analyse der Safety und Security grundsätzlich möglich und sinnvoll ist. Dort wird eine qualitative Zusammenführung von Fehler- und Angriffsbäumen vorgestellt, was die Identifizierung von Safety-kritischen Security-Angriffen ermöglicht. Dadurch können Systemanforderungen abgeleitet werden. [13] geht zwar einen ersten Schritt in Richtung einer gemeinsamen Sicherheitsanalyse, jedoch werden keine quantitativen Analyseverfahren in das Modell integriert. Ein weiterer Ansatz, der Safety- und Security-Aspekte in einem Modell betrachtet, wird in [12] vorgestellt. Dort werden Fehlerbäume um ein Tupel in den Baumknoten erweitert. Das Tupel ermöglicht es, die Safety-Analyse getrennt von der Security-Analyse durchzuführen. Vorteil dabei ist, dass beiden Analysen ein gemeinsames Modell zugrunde liegt. Die Idee eines 2-Tupels wird in diesem Beitrag weiter konkretisiert, indem das Modell in einen Analyseprozess integriert wird. Dadurch können qualitative, aber auch quantitative Aussagen zur Safety- und Security-Eigenschaft eines Systems getroffen werden.

4 Komponenten-Fehlerbaum

Fehlerbäume [1] ermöglichen eine Fehlerbaumanalyse (Fault Tree Analysis; FTA) von System-Ausfällen anhand der hierarchischen Dekomposition der Baumwurzel (Top Level Event; TLE) durch logische Gatter. Diese hierarchische Dekomposition spiegelt jedoch nur schlecht die Systemarchitektur moderner Systeme wieder, da solche Systeme nach dem Komponenten-Prinzip aufgebaut sind. Komplexe Aufgaben werden in weniger komplexe aufgeteilt, welche dann in Komponenten mit definierten Schnittstellen zur Ausführung gebracht werden. Das Innere einzelner Komponenten erscheint in höheren Ebenen als Blackbox, da es dort von untergeordneter Bedeutung ist, wie ein Subsystem seine Aufgabe erfüllt, sondern lediglich, welche Aufgabe es erfüllt. Das gleiche Prinzip wurde in [6] auf Fehlerbäume übertragen. Mittels Komponenten-Fehlerbäumen (Component Fault Tree; CFT) wird die Dekomposition des TLE anhand der Systemarchitektur vorgeschlagen. Dadurch werden große Fehlerbäume in kleinere wiederverwendbare Teile, äquivalent zu Subkomponenten, zerlegt (diese können auch mehrfach in einem CFT auftauchen).

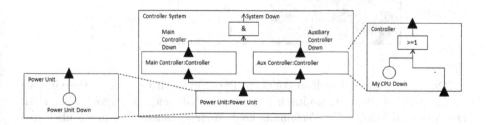

Abb. 1. CFT eines Controllersystems [6]

Ein- und Ausgänge zu anderen Komponenten werden mittels Input- und Output-Events modelliert. Basis-Ereignisse eines Standard-Fehlerbaums stellen dabei interne Ereignisse von Komponenten in CFTs dar. Die Analyse eines CFTs bleibt von dieser Art der Darstellung unbeeinflusst und es können die Analysemethoden von standardisierten Fehlerbäumen eingesetzt werden.

5   Prozess der integrierten Sicherheitsanalyse

In der Praxis existieren Analysetechniken, die Probleme sowohl im Safety- (Fehlerbäume [1]) als auch im Security-Bereich (Angriffsbäume [2]) durch baumartige Strukturen beschreiben. Hier wird vorgeschlagen, beide Verfahren qualitativ in einem Baum zu vereinigen. Die quantitative Analyse kann dagegen domänenspezifisch oder -übergreifend stattfinden. Das Verfahren besteht aus fünf nachfolgend beschriebenen Schritten.

Im **1. Schritt** der Analyse sollen Bäume auf Basis von CFTs entwickelt werden, die Ausfälle eines Systems und Angriffe auf ein System gleichermaßen beschreiben. Da somit domänenspezifische Basis-Ereignisse (Tabelle 1) existieren, ist es notwendig, diese zu unterscheiden. Dazu wird eine Klassifizierung der Basis-Ereignisse vorgeschlagen, wodurch ein so genannter Security Component Fault Tree (SCFT) entsteht. Dieser Ansatz ermöglicht zusätzlich zur Modellierung von Ausfällen und Angriffen auch die Modellierung von Systemschwachstellen und Annahmen über Angreifer (z. B. Kenntnisse), System (z. B. bestimmte Betriebsarten) und Umwelt (z. B. Störungen). Angriffe müssen dabei immer als Input-Ereignisse von Komponenten modelliert und mit Schwachstellen verbunden werden, was der Tatsache entspricht, dass sie immer von „außen" auf Systemschwachstellen einwirken. Durch das Aufteilen der Basisereignisse in Unterklassen wird eine qualitative Verbindung zwischen Fehler- und Angriffsbaum erreicht.

Tabelle 1. Basis-Ereignis-Klassen in erweiterten Fehlerbäumen

	Darstellung Basis-Ereignisse	MCS Darstellung
Ausfall	O	(...)
Schwachstelle	△	/...\
Angriff	◇	<...>
Annahme	□	[...]

Durch das verwendete Komponenten-Paradigma wird auch der Angreifer als Komponente modelliert, wodurch Angreifermodelle leichter austauschbar sind. Da in diesem Schritt des Verfahrens noch keine genauen Annahmen über Angreifer gemacht werden können, wird ein allgemeines Angreifermodell, der sogenannte Threat-Agent (TA) eingeführt. Dieser wird mit allen Schwachstellen der betrachteten Komponente verbunden. Ein TA ist dadurch in der Lage, modellierte Systemschwachstellen anzugreifen. Ein Angriff muss über Input-Ports aller Komponenten höherer Abstraktionsebenen bis hin zur Schwachstelle, die durch den Angriff beeinflusst wird, durchgereicht werden. Dabei müssen diese nach den gültigen Syntaxregeln der Komponenten-Fehlerbäume mit dem TA verbunden sein (siehe Abb. 2). Somit sind Schwachstellen eingebetteter System-Komponenten „außen" sichtbar und können vom TA „angegriffen" werden. Das Anlegen eines TA kann automatisch stattfinden, indem alle Schwachstellen mit dem TA verbunden werden. Stellen Schwachstellen, z. B. durch die Ergreifung bestimmter Gegenmaßnahmen, keinen Angriffspunkt mehr dar, so wird die Verbindung zwischen Schwachstelle und Angriff entfernt.

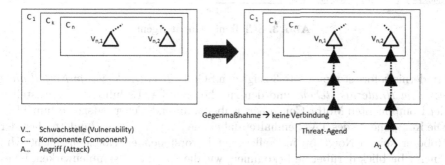

Abb. 2. Verbindungsregel für Schwachstellen mit Threat-Agent

Im **2. Schritt** findet eine qualitative Analyse eines SCFT und dessen zugehörigen TAs statt, wobei z. B. die Minimalschnitte (Minimal Cut Set; MCS), also die minimalen Schnittmengen von Basis-Ereignissen, die das TLE auslösen, ausgewertet werden. Somit können qualitative Zusammenhänge zwischen verschiedenen Basis-Ereignis-Klassen erkannt werden. Durch die Trennung der Basis-Ereignisse in verschiedene Klassen ist es möglich, standardisierte Zertifizierungsprozesse in dieses Verfahren zu integrieren, indem beispielsweise nur safety-relevante Ereignisse eingeblendet werden. Dadurch kann aus einem SCFT jederzeit ein herkömmlicher Fehler- oder Angriffsbaum extrahiert werden, indem nur die zum jeweiligen Gebiet gehörenden Ereignisse angezeigt werden. Um die Basis-Ereignisse auch in textueller Form (z. B. in MCSs) unterscheiden zu können, wird eine Kennzeichnung, äquivalent zur graphischen Darstellung, mittels verschiedener Klammerpaare (Tabelle 1) vorgeschlagen.

In Abb. 3 wird der hier vorgestellte Ansatz anhand eines Ausschnitts der integrierten Sicherheitsanalyse eines Roboterfahrzeugs ersichtlich. Bei dem Roboter handelt es sich um RAVON [11], ein im RRLAB (Robotics Research Lab) an der TU Kaiserslautern entwickeltes Off-Road-Vehikel, das Sensorik verwendet, um im Gelände autonom zu navigieren. Dazu gehören Laserscanner, Kameras und eine druckempfindliche Stoßstange, die das Fahrzeug bei Berührung mit einem

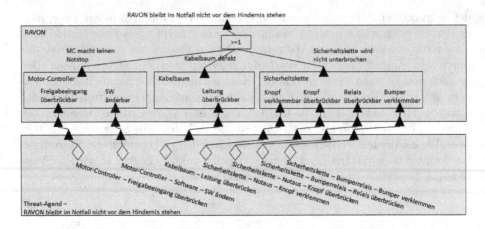

Abb. 3. SCFT mit Threat-Agent

Hindernis sofort stoppt. Abb. 3 zeigt den SCFT *„RAVON bleibt im Notfall nicht vor dem Hindernis stehen"* und den zugehörigen TA. Es führen Schwachstellen der Komponenten Motor-Controller, Kabelbaum und Sicherheitskette zum TLE. Die Komponente des TAs beinhaltet dabei alle Angriffe, die verhindern, dass der Roboter keinen Notstopp im Falle einer bevorstehenden Kollision macht. Um einen Überblick darüber zu bekommen, wie die Angriffe zusammenwirken, ist es notwendig tiefere Hierarchieebenen zu betrachten. Die Komponente Sicherheitskette ist in Abb. 4 detailliert dargestellt.

In **Schritt 3** soll zunächst eine herkömmliche quantitative Safety-Analyse durchgeführt werden. Dazu wird hier ein Tupel in jeden Baumknoten eingeführt, welches einen Safety- und einen Security-Wert für domänenspezifische Analysen beinhaltet [12]. Vorteil dabei ist, dass äquivalent zur qualitativen Untersuchung im letzten Schritt auch die herkömmliche quantitative Safety-Analyse in den hier beschriebenen Ansatz integriert werden kann. Somit fügt sich der vorgeschlagene Prozess harmonisch in bereits etablierte und standardisierte Analyseprozesse von Fehlerbäumen [1] ein.

In **Schritt 4** der integrierten Sicherheitsanalyse soll eine domänenübergreifende Analyse der Security aus Sicht des Systems durchgeführt werden. Es muss ein geeignetes Schema gewählt werden, die Ereignisse miteinander in Verbindung zu bringen. Dafür wird eine Bewertungsgrundlage, ähnlich der Ausfalleffektanalyse [14] (Failure Mode, Effects and Critically Analysis; FMECA), vorgeschlagen. Dabei werden den Schwachstellen eines SCFTs bestimmte Eigenschaften zugewiesen, deren Bewertungsgrundlage im gesamten System gleich sein müssen. Als Security-Eigenschaften werden

– die benötigten Ressourcen (R) und
– ein Gewicht der Fähigkeiten (Skills; S)

eingeführt, die benötigt werden um den Angriff durchzuführen. Weiter wird

– ein Gewicht der Nicht-Wahrnehmbarkeit (Non-Noticeability; N)

definiert. Der Ressourcenbedarf eines Angriffs kann entweder konkret als Kosten oder Zeit oder als abstrakter Wert (z. B. low [=1], medium [=3], high [=7] oder 1-10) angegeben werden. Die Gewichte der Fähigkeiten und der Nicht-Wahrnehmbarkeit werden dagegen immer als abstrakte Werte angegeben. Durch die Rechenoperationen in Tabelle 2 können die Eigenschaften auf Elternknoten abgebildet werden. Die Rechenoperationen sind abhängig von der Operation des jeweiligen Baumknotens und berechnen sich aus den aufsummierten, den minimalen oder den maximalen Eigenschaftswerten der zugehörigen Kindelemente.

Tabelle 2. Eigenschaftskumulierung im SCFT

	UND	ODER
Minimale Ressourcen (R_{min})	$R_{min}=add(R_1,...,R_n)$ $*$	$R_{min}=min(R_1,...,R_n)$
Minimale Fähigkeiten (S_{min})	$S_{min}=max(S_1,...,S_n)$	$S_{min}=min(S_1,...,S_n)$
Minimale Wahrnehmbarkeit (N_{max})	$N_{max}=min(N_1,...,N_n)$	$N_{max}=max(N_1,...,N_n)$

$*$ Im Falle abstrakter Ressourcenwerte muss die Summenfunktion individuell festgelegt werden und kann sich abhängig von den Abstraktionswerten unterscheiden (z. B. add(low, high)=high). Bei konkreten Werten kann die Summe ($R_{min} = \sum_{i=1}^{n} R_i$) über alle Ressourcenwerte der Kindelemente gebildet werden.

Auswirkungen in einem Baumknoten können aus Sicht des Systems und aus Sicht des Angreifers betrachtet werden. Dazu können einem Baumknoten
- Profit (P) und/oder
- Schaden (Damage; D)

zugeordnet werden. Diese Eigenschaften stellen die Auswirkungen auf das System und den Gewinn des Angreifers dar, wenn das System über diesen Knoten kompromittiert wird. Um ein Szenario in Relation zum dabei erzielten Gewinn oder dem verursachten Schaden zu setzen, können die Auswirkungen entlang des Pfades untersucht werden. Dabei werden alle Auswirkungen gemäß ihrer Klasse (Profit oder Schaden) aufaddiert, die im betrachteten Szenario beteiligt sind. Dadurch kann der Gesamtgewinn aus Sicht des Angreifers oder der gesamte verursachte Schaden aus Systemsicht ermittelt werden.

Das Ergebnis der Security-Analyse in Schritt 4 liefert die akkumulierten Security-Eigenschaften aller Baumknoten und die zugehörigen kritischen Pfade. Diese zeigen, wie ein Angreifer das System mit niedrigstem Ressourcenaufwand (R_{min}), mit geringster Wahrnehmbarkeit (bzw. maximaler Nicht-Wahrnehmbarkeit; N_{max}) oder mit minimalen Fähigkeiten (S_{min}) kompromittieren kann. Zusätzlich können auch die kritischen Pfade für den höchsten Gewinn (P_{max}) und den maximalen Schaden (D_{max}) ermittelt werden. Anschließend können kritische Pfade miteinander auf Pfadüberdeckung verglichen werden. Das System ist besonders dann gefährdet, wenn kritischen Pfade von unterschiedlichen Eigenschaften identisch sind.

In **Schritt 5** wird eine quantitative Security-Analyse aus Angreifer-Sicht durchgeführt. Hierbei ist es möglich, besondere Fähigkeiten, Wissen über das

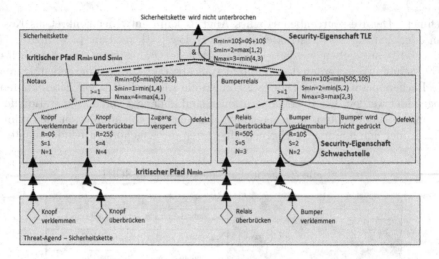

Abb. 4. Security-Analyse der Sicherheitsketten-Komponente mit kritischen Pfaden

System und spezielle Neigungen von spezifischen Angreifer-Gruppen zu model-lieren. Es kann dazu ein sogenanntes Angreifer-Profil (AP) in Komponenten Syntax erstellt werden. Sind keine AP identifizierbar oder existieren zu viele potenzielle Angreifer (z. B. im Internet), so muss die Analyse nach Schritt 4 abgebrochen oder auf die wahrscheinlichsten Angreifer beschränkt werden.

APe können durch die Modellierung als separate Komponente mit minimalem Aufwand in die integrierte Sicherheitsanalyse eines SCFT eingebunden werden und auf einfache Weise gegen TAs und andere APe ausgetauscht werden. Die Profile können dabei mit den Input-Ereignissen der Schwachstellen von System-Komponenten verbunden werden und stellen somit eine Spezialisierung der TAs dar. Dieser Schritt der Analyse kann semi-automatisiert durchgeführt werden, indem dabei Eigenschaften (Ressourcen und Fähigkeiten des APs) des jeweili-gen Profils verwendet werden, um eine Verbindung zu möglichen Schwachstellen herzustellen. Eine Verbindung des AP mit einer Schwachstelle erfolgt immer dann, wenn die Ressourcen und die Fähigkeiten des Angreifers größer als die benötigten Ressourcen und Fähigkeiten der Schwachstelle sind. Zusätzlich kön-nen weitere Schwachstellen mit einem Profil verbunden oder bereits hergestellte Verbindungen getrennt werden, wodurch es einfach an unterschiedliche System-konfigurationen angepasst werden kann. Die verbundenen Schwachstellen stellen die Grundlage für potenzielle Angriffe und die weitere Analyse des Baumes dar. Um das Risiko der möglichen Szenarien zu bestimmen, kommt hier eine zur RPN der FMECA äquivalenten Prioritätszahl (MCS-Risiko Priorität; RMCS) zum Tragen.

$$R_{MCS_i} = Eintrittswahrscheinlichkeit_{MCS_i} \cdot Schaden_{MCS_i} \cdot Nicht\text{-}Wahrnehmbarkeit_{MCS_i}$$

Die Nicht-Wahrnehmbarkeit und der Schaden sind für die jeweiligen MCSs durch die Berechnungsvorschriften der UND-Verknüpfung aus Tabelle 2 leicht bestimmbar. Die Eintrittswahrscheinlichkeit der einzelnen Szenarien kann entweder durch Expertenwissen, aus statistischen Informationen oder durch eine weitere Eigenschaft der Angreifer-Profile, der Präferenz, ermittelt werden. Die Präferenz stellt den vom Angreifer akzeptierten Kompromiss zwischen Ressourceneinsatz, Gewinn und seiner Demaskierung dar, die sich meist negativ gegenseitig beeinflussen. Diese Gewichte werden als Wahrscheinlichkeiten (0-100%) angegeben, wobei deren Summe stets 1 ergeben muss. Dazu kann die Präferenz in einem Vektor $\vec{p}_A$ und die MCSs in einer Matrix $\mathbf{A}$ ausgedrückt werden, wobei w_R, w_N und w_P die Gewichtungsfaktoren (Gewicht des Ressourceneinsatz, Gewicht des Nicht-Wahrnehmens, Gewicht des Profits) und die Spalten der Matrix $\mathbf{A}$ die Ressourcen (r_i), die Nicht-Wahrnehmbarkeit (n_i) und den Profit (p_i) der einzelnen MCS repräsentieren.

$$\vec{p}_A = \begin{bmatrix} w_R \\ w_N \\ w_P \end{bmatrix} \quad \mathbf{A} = \begin{bmatrix} r_1 \ldots r_m \\ n_1 \ldots n_m \\ p_1 \ldots p_m \end{bmatrix}$$

Anschließend muss die Matrix $\mathbf{A}$ transformiert werden, indem sie zeilenweise normalisiert wird. Die Kosten müssen zusätzlich von eins subtrahiert werden, da der Gegenwert benötigt wird, denn ein Angreifer möchte diese so gering als möglich halten.

$$\mathbf{A}' = Norm(A) \text{ mit } r_i = 1 - \frac{r_i}{\sum_{k=1}^{m} r_k}; \; n_i = \frac{n_i}{\sum_{k=1}^{m} n_k}; \; p_i = \frac{p_i}{\sum_{k=1}^{m} p_k}$$

Danach kann der MCS-Prioritätsvektor $\vec{d}$ berechnet werden, wodurch die Wahrscheinlichkeiten für das Eintreten der MCSs ermittelt werden, sofern der Angreifer nach angenommener Präferenz handelt.

$$\vec{d} = \mathbf{A}'^T \cdot \vec{p}_A$$

Das Risiko des jeweiligen MCSs wird berechnet, indem die Werte miteinander multipliziert werden.

$$R_{MCS_i} = a(i) \cdot d_i \cdot n_i$$

Dazu können beispielsweise die prozentualen Ergebnisse aus $\vec{d}$ mit den Gewichtungsfaktoren der Nicht-Wahrnehmbarkeit und des Schadens herangezogen werden. Folglich kann der Rang eines Angriffs bestimmt werden, indem die Ergebnisse auf einer Rationalskala abgetragen werden. Das Verfahren kann dazu verwendet werden, um Prioritäten für Gegenmaßnahmen abzuleiten oder Angriffe auf das System besser zu veranschaulichen.

6 Zusammenfassung

Im diesem Papier wurde ein Prozess vorgestellt, der verschiedene Sicherheitsaspekte von eingebetteten Systemen mittels eines gemeinsamen Modells qualitativ und quantitativ analysierbar macht. Dadurch werden bereits in einer frühen

Entwurfsphase alle Sicherheitsdisziplinen mit in Betracht gezogen. Dieser Prozess steht dabei nicht in Konkurrenz zum etablierten Prozess der FTA, da diese in dem hier vorgestellten Prozess integriert ist. Die qualitative Analyse kann dabei einfache Zusammenhänge in Form von MCSs aufzeigen, wohingegen die quantitative Analyse eine standardisierte Fehler-Analyse und eine Security-Analyse beinhaltet. Mit sogenannten Angreifer-Profilen werden absolute Eigenschaften wie Fähigkeiten oder Ressourcen genauso wie die Präferenz der Eigenschaften zueinander verwendet, um wahrscheinliche Angriffsszenarien vorherzusagen. Es wurde dabei auf das Prinzip der Komponenten-Fehlerbäume zurückgegriffen, da es somit auf einfache Weise möglich ist, Komponenten auszutauschen. Somit können später entdeckte Sicherheitslücken sehr schnell in bereits bestehende Bäume eingearbeitet werden, indem die betreffende Komponente und die Angreifer-Profile angepasst werden.

Literaturverzeichnis

1. DIN 25424: Fehlerbaumanalyse, Methode und Bildzeichen. Deutsches Institut für Normung, 1981
2. B. Schneier: Attack trees. Dr. Dobb's Journal, 1999
3. K. S. Edge, G. C. Dalton, R. A. Raines, R. F. Mills: Using Attack and protection trees to analyze threats and defenses to homeland security. In: Proceedings of Military Communications Conference (MILCOM), 2006
4. Amenaza: SecurlTree, http://www.amenaza.com/
5. H. R. Watson: Launch control safety study. Bell Labs, 1961
6. B. Kaiser, P. Liggesmeyer, O. Mackel: A new component concept for Fault Trees. In: Proceedings of the 8th Australian Workshop on safety critical systems and software, Canberra, 2003
7. I. N. Fovino, M. Masera: Through the Description of Attacks: a Multidimensional View. In: Proceedings of the 25th international conference on Computer Safety, Reliability, and Security (SafeComp06), Gdansk, 2006
8. J. Dawkins, J. Hale: A Systematic Approach to Multi-Stage Network attack Analysis. In: Proceedings of the Second IEEE International Information Assurance Workshop (IWIA'04), Charlotte, 2004
9. T. Tidwell, R. Larson, K. Fitch, J. Hale: Modeling Internet Attacks. In: Proceedings of the 2001 IEEE Workshop on Information Assurance and Security, New York, 2001
10. Amenaza: Understanding Risk Through Attack Tree Analysis, Homepage: http://www.amenaza.com/downloads/docs/Methodology.pdf, 2003
11. C. Armbrust et al.: RAVON - The Robust Autonomous Vehicle for Off-road Navigation. Using robots in hazardous environments: landmine detection, de-mining and other applications. In: Woodhead Publishing Limited, Cambridge, 2006
12. M. Förster, R. Schwarz, M. Steiner: Integration of Modular Safety and Security Models for the Analysis of the Impact of Security on Safety, Fraunhofer IESE and University of Kaiserslautern: Kaiserslautern, Germany, 2010
13. Z. Guo et al.: Identification of Security-Safety Requirements for the Outdoor Robot RAVON Using Safety Analysis Techniques, In Proceedings of 2010 Fifth International Conference on Software Engineering Advances (ICSEA), Nice, France, 2010
14. N. G. Leveson: Safeware - System Safety and Computers. In: Addison-Wesley Longman, Amsterdam, 1995

Entwurf eines fehlertoleranten und echtzeitfähigen Feldbussystems für dreifachredundante Automatisierungssysteme

Markus Weidner

Lehrstuhl für Informationstechnik
FernUniversität in Hagen, 58084 Hagen
markus@weidner.eu

Zusammenfassung. Dezentralisierung in der Automatisierungstechnik erfordert Feldbusse, die den schnellen und häufigen Versand von Prozesswerten besorgen. Zur systemweiten Wahrung von Sicherheit, Verfügbarkeit und korrektem Zeitverhalten müssen dabei nicht nur die Steuerungskomponenten selbst, sondern auch das sie verbindende Netz diesen Forderungen genügen. Zum Einsatz kommt daher idealerweise ein Kommunikationssystem, das im Zeitverhalten vorhersagbar ist und direkt eine dreifachredundante Systemarchitektur unterstützt.

1 Systemstruktur

Mikrorechner können wegen ihrer komplexen Halbleiterstrukturen kein echtes sicherheitsgerichtetes Verhalten aufweisen. Es kann daher nur unter Einsatz von Redundanz ein quasi-sicherheitsgerichtetes Verhalten realisiert werden, das auf Vergleichen, Mehrheitsentscheiden und Plausibilitätsprüfungen basiert [3].

Redundant angeordnete Knoten führen dabei auf gleichen Eingangsinformationen autark dieselben Berechnungen durch und stellen ihre Ergebnisse über das Kommunikationssystem zum Vergleich bereit. Sie werden nach einer Bustopologie vernetzt, die der Redundanz der Systemstruktur besonders entgegenkommt. Eine Einheit kann deswegen durch drei parallele physikalische Netzknoten gebildet werden, die jeweils gleichberechtigt am Übertragungsmedium angeschlossen sind und eine logische Gruppe bilden (Abb. 1).

Das Übertragungsmedium ist zweikanalig redundant ausgelegt (Kanäle A und B). Auf beiden Kanälen werden dieselben Symbole gesendet. Eine Leistungssteigerung durch getrennte Verwendung der Kanäle ist nicht zulässig, damit sich im Fehlerfall keine Nachteile hinsichtlich des Zeitverhaltens ergeben [1]. Durch Überprüfung der Protokollvorschriften ist im Störungsfall einkanaliger Betrieb ohne Einschränkungen möglich.

2 Telegrammaufbau

Zur Datenübertragung wird ein bedarfs- und paketorientiertes, asynchrones Zeitmultiplexverfahren verwendet. Die dreifachredundante Architektur wird vom

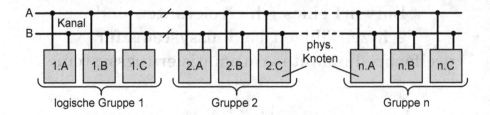

Abb. 1. Bustopologie: jeweils drei physikalische Knoten bilden eine Gruppe am redundanten Medium.

Protokoll direkt unterstützt, indem ein Telegramm aus insgesamt drei Teilrahmen zusammengesetzt ist, die einer Startsequenz folgen. Letztere dient einerseits der Konfliktauflösung (s.u.) und enthält andererseits einen Identifikator, der bestimmt, welcher Prozesswert im Telegramm enthalten sein wird. Alle Knoten können wegen ihrer parallelen Anordnung die Sequenz lesen und erkennen daran, ob sie als Quelle an der Bildung des Gesamtrahmens beteiligt sind. Sie senden dann in der Reihenfolge A, B, C je einen Teilrahmen, der ihr zugehöriges und aktuelles Prozesswertergebnis enthält (Abb. 2).

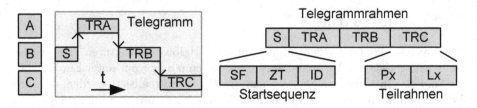

Abb. 2. Telegrammrahmen bestehend aus Startsequenz (S), Steuerfeld (SF), Zustellungstermin (ZT), Identifikator (ID), den Teilrahmen (TRA, TRB, TRC) mit den Prozesswerten (PA, PB, PC) und Lebenszeiten (LA, LB, LC).

3 Verarbeitungsketten, Mehrheitsentscheide, Lebenszeiten

Bedingt durch die Parallelschaltung aller Knoten am Medium erfolgt der Telegrammempfang zeitgleich und kann zur Gruppensynchronisation genutzt werden. Die Verarbeitung eines empfangenen Prozesswerts beginnt zeitparallel. Unter Verwendung eines Echtzeitbetriebssystems kann ein Fertigstellungstermin gesetzt werden, der für den Beginn einer neuen Busperiode genutzt wird. Durch Aneinanderreihung mehrerer dieser Verarbeitungszyklen (Abb. 3) bestehend aus Berechnungs- und Busperiode können Verarbeitungsketten gebildet werden, die mit der Erzeugung von Prozesswerten durch Sensoren beginnen und mit der

Ausgabe von Stellgrößen enden. Längere Berechnungsschritte können zerteilt werden, indem durch einen Telegrammversand eine Selbstsynchronisation durchgeführt wird. Kombination von Echtzeitbetriebssystemen und dem hier vorgestellten echtzeitfähigen Kommunikationssystem erlaubt es, von diesen Verarbeitungsketten im System mehrere asynchron gleichzeitig und in den Gruppenmitgliedern mehrere quasi-parallel ablaufen zu lassen.

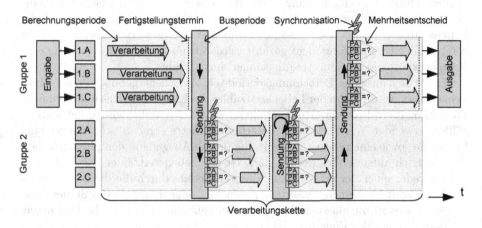

Abb. 3. Verarbeitungskette: Zwischenergebnisse werden von Gruppe 1 an Gruppe 2 und nach einer Selbstsynchronisation wieder zurück gesendet. Beim Empfang erfolgt eine Gruppensynchronisation und dreifachredundant ein Mehrheitsentscheid.

Da sich in jedem Telegramm drei autark berechnete, aber zusammengehörende Prozesswerte befinden, ist es den Empfängern möglich, bei jeder beginnenden Berechnungsperiode einen Mehrheitsentscheid über die Ergebnisse der vorherigen Periode durchzuführen. Die Mehrheitsentscheide werden ebenfalls dreifachredundant ausgeführt und lassen wegen der identischen Eingangsinformationen erwarten, dass die Ergebnisse der folgenden Periode wieder gruppenintern identisch sind.

Der Ausfall eines Gruppenmitgliedes führt also zu keinem Verlust der Systemfunktion, denn während dieser Zeit stehen allen Empfängern weiterhin mindestens zwei Prozesswerte zur Verfügung. Nach der Reparatur integriert sich der Knoten durch Telegrammempfang automatisch schrittweise wieder in die Verarbeitungsketten. Auf ein das Echtzeitverhalten störendes spezielles Integrationsprotokoll kann so verzichtet werden.

Beim Betrieb verteilter Systeme muss generell mit Störungen gerechnet werden, die zu verspäteten oder gar verhinderten Telegrammzustellungen führen. Da innerhalb einer Verarbeitungskette Ort und Zeitpunkt nicht vorhersagbar sind, wird die vollständige Kette in eine Prüfung eingeschlossen. Entscheidend ist, dass die am Ende auszugebende Stellgröße mit der Dynamik des zu steuernden physikalischen Prozesses Schritt hält und pünktlich zur Anwendung gelangt.

Beginnend bei der Prozesswertgenerierung durch Sensoren ist daher eine Überwachung der maximalen Verwendungsdauer ein geeignetes Mittel. Diese kann mittels Relativzeitgebern in Form von Rückwärtszählern realisiert werden. Bei der Generierung eines Prozesswertes wird eine spezifische Lebenszeit gesetzt, die bei der Ausgabe als Stellgröße noch nicht den Wert Null erreicht haben darf. Es kann dafür in jedem Controller eine Minidatenbank eingerichtet werden, in der alle Prozesswerte jeweils eine Lebenszeit besitzen, die automatisch dekrementiert werden. Durch Implementierung in Hardware wird die Zählfrequenz unabhängig von Programmlaufzeiten. Zusätzlich muss das Kommunikationsprotokoll die Lebenszeiten (LA, LB, LC) zusammen mit den Prozesswerten übertragen. Da während der Übertragung nicht gezählt werden kann, wird empfängerseitig eine Korrektur anhand der Übertragungsdauer durchgeführt.

Ergibt sich aus einer Berechnungsperiode ein Zwischenergebnis, also ein neuer Prozesswert, wird für ihn der Lebenszeitzähler des Eingangswertes übernommen. Werden mehrere Prozesswerte kombiniert, wird der jeweils kleinste Lebenszeitzähler verwendet. Am Ende einer Verarbeitungskette ergeben sich dadurch eine Stellgröße sowie eine relative Restzeit, die für die Ausgabe in den physikalischen Prozess noch aufgewendet werden darf. Ist der Lebenszeitzähler abgelaufen, so hat entweder einer der erfassenden Sensoren bereits durch die direkte Vergabe der Lebenszeit Null einen Sensorfehler gemeldet oder innerhalb des Steuerungssystems ist es zu unzulässigen Verspätungen gekommen, so dass die Lebenszeit mindestens eines der Eingangswerte abgelaufen ist.

Über die Lebenszeiten können ebenfalls Mehrheitsentscheide durchgeführt werden.

4   Echtzeitfähiger Telegrammversand

Damit eine Verarbeitungskette zeitgerecht durchlaufen wird, ist ein Telegrammversand erforderlich, bei dem der individuelle späteste Zustellungstermin, ausgehend vom Einplanungszeitpunkt, vorhersagbar ist. Die benötigte Versanddauer muss also begrenzt und bekannt sein. Bei paketorientierten Kommunikationsverfahren, wo alle Teilnehmer mit ihren Sendewünschen um das Übertragungsmedium konkurrieren, ist deswegen zunächst ein Mechanismus notwendig, der für eine termingerechte Sendereihenfolge sorgt. Das bedeutet, dass einerseits der Zustellungstermin in die Priorisierung einfließen und dass andererseits die Konfliktauflösung zerstörungsfrei, also deterministisch, ablaufen muss. Realisiert werden können beide Forderungen mit dem vom CAN-Feldbus her bekannten Arbitrierungsverfahren [2]. Dabei senden alle sendewilligen Knoten nach einem Synchronisationssymbol einen binären Prioritätswert. Sie scheiden nach und nach aus, wenn andere verbliebene Teilnehmer einen höheren Prioritätswert (kleineren Zahlenwert) senden. Derjenige Knoten erhält das Senderecht, der den kleinsten Zahlenwert gesendet hat. Die übrigen Knoten müssen später erneut konkurrieren.

Kollisionen führen dabei bedingt durch die spezielle Busankopplung, die rezessive und dominante Symbole erzeugt, nie zu einer Zerstörung der Sequenz, die der Gewinner der Arbitrierung sendet. Setzt man nun für den Prioritätswert den spätesten Zustellungstermin (ZT) in der Form der verbleibenden relativen Restzeit ein, so steigt die Priorität einer Nachricht, je dichter sie an ihren Endtermin heranrückt. Sortieren alle Knoten vor jeder Konfliktauflösung ihre eingeplanten Telegramme und nehmen jeweils mit dem dringlichsten teil, so ergibt sich automatisch, ohne dass dafür ein steuernder Master notwendig ist, eine zeitgerechte Zustellung aller Telegramme, sofern dies theoretisch möglich ist (vgl. Antwortzeitverfahren in [3, 4]).

Um dem Fall begegnen zu können, dass mehrere Knoten mit derselben relativen Zeit angetreten sind, wird die Arbitrierungsphase um den Prozesswertidentifikator (ID) erweitert. Da ein Prozesswert nur einer Quellgruppe zugeordnet sein kann, wird das Auflösungsverfahren damit eindeutig zugunsten einer Gruppe entschieden. Das Senderecht wird dann in der Mitgliederreihenfolge A, B, C weitergereicht. Damit die Gesamtversanddauer angegeben werden kann, ist es geboten, den Nutzdateninhalt bspw. auf einen Prozesswert zu begrenzen und Kanalsicherungsmaßnahmen wie Blockcodierung mit Vorwärtskorrektur anzuwenden [1, 5].

5 Überlaststeuerung

Kommt es störungsbedingt zu Telegrammwiederholungen, hängt es vom aktuellen Nachrichtenaufkommen und dessen eingeplanten Reserven ab, ob noch alle Telegramme pünktlich zugestellt werden können. Damit eine automatische Lastreduzierung entscheiden kann, welche Nachrichten verzichtbar sind, werden ihnen sog. Nutzenfunktionen zugeordnet (Abb. 4, vgl. [4]).

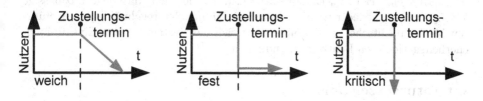

Abb. 4. Der Nutzen der Information ändert sich ab dem Zustellungstermin.

Um Nachrichten abhängig von ihrem Nutzen unterschiedlich behandeln zu können, wird dem bisherigen Arbitrierungsfeld ein binärer 2-Bit-Steuerwert (SF) vorangestellt. Dabei haben die Werte 0 (00b) die höchste und 3 (11b) die niedrigste Priorität. Damit das Echtzeitverhalten im störungsfreien Zustand nicht verändert wird, nehmen alle Telegramme bis zum Ablauf ihres regulären Zustellungstermins mit dem Wert 1 an der Arbitrierung teil. Verpasst ein Telegramm mit festem Nutzen seinen Termin, kann es gestrichen werden. Telegrammen mit weichen Zeitbedingungen kann hingegen eine zusätzliche Zeitreserve zugeteilt werden. Da diese Reserve nur mit Priorität 2 teilnimmt, werden sie nur dann gesendet, wenn es keine anderen Telegramme mehr gibt, die noch ihren Termin halten können und dadurch behindert würden.

Bei kritischen Telegrammen wäre hingegen ein Abwarten des Zustellungstermins fatal, denn ein Anheben der Priorität würde dann bereits zu spät kommen. Darum wird für sie jeweils der maximal erlaubte Spielraum für die Zustellung berechnet und in zwei Teile aufgeteilt. Mit dem ersten Teil nimmt das Telegramm mit der normalen Priorität 1 teil. Erfolgt in diesem Zeitraum keine Zustellung, wird der zweite Teil zugewiesen und die Priorität auf Stufe 0 angehoben. Diese Telegramme setzen sich nun gegenüber allen anderen Telegrammen durch. Die Zustellwahrscheinlichkeit wird also zu Lasten der weniger wichtigen Informationen erhöht. Damit es im störungsfreien Betrieb nicht generell zu diesem Ereignis kommt, ist die theoretische Zustellbarkeit aller Nachrichten während der Entwicklungsphase mit dem reduzierten Spielraum nachzuweisen. Um stets die Sendereihenfolge innerhalb der Klasse der kritischen Telegramme zu wahren, muss der zweite Zeitanteil für alle Telegramme gleich groß gewählt werden.

Die übrig gebliebene niedrigste Priorität 3 kann ergänzend noch für Telegramme verwendet werden, die keinen Zeitbedingungen unterliegen. Das Feld ZT darf dann bspw. statische Prioritätsinformationen enthalten.

6   Fazit

Das vorgestellte Kommunikationssystem zeichnet sich durch Telegrammversand nach dem Terminverfahren aus und unterstützt direkt eine dreifachredundante Systemarchitektur, die zusätzlich Software-Diversität ermöglicht. Dabei kommt es trotz garantiertem zeitgerechten Telegrammversand und implementierter Überlaststeuerung ohne singuläre Steuerungskomponenten aus. Das Verfahren gewährleistet eine Ende-zu-Ende-Kontrolle, die sicherstellt, dass jede unzulässige Verzögerung aufgedeckt wird. In Kombination mit den regelmäßig durchgeführten Mehrheitsentscheidungen qualifiziert sich das System für den Einsatz in sicherheitsgerichteten Echtzeitanwendungen.

Literaturverzeichnis

1. Erdner, Thomas: *Entwurf eines realzeitfähigen fehlertoleranten Feldbussystems.* VDI Verlag, Düsseldorf, 2003, ISBN 3-18-372210-0.
2. Etschberger, Konrad: *Controller-Area-Network.* Carl Hanser Verlag, München, 3. Auflage, 2002, ISBN 3-446-21776-2.
3. Halang, Wolfgang A.; Konakovsky, Rudolf: *Sicherheitsgerichtete Echtzeitsysteme.* R. Oldenbourg Verlag, München, 1999, ISBN 3-486-24036-6. S. 14, 28/29, 412–423.
4. Halang, Wolfgang A.; Li, Zhong: Kurs *Echtzeitsysteme II.* FernUniversität, Hagen, Version 1.0.1, 2009, S. 128ff, 297ff.
5. Kaderali, F.: Kurs *Digitale Kommunikationstechnik.* FernUniversität, Hagen, 2007. `http://www.kaderali.de/fileadmin/vorlesungsskripte/Buch KT (A4).pdf`. Abgerufen am: 24.05.2012. S. 207ff.

Kommunikation mit harten Echtzeitanforderungen über die Middleware FAMOUSO

Philipp Werner

Institut für Verteilte Systeme
Otto-von-Guericke-Universität Magdeburg, 39106 Magdeburg
Philipp.Werner@ovgu.de

Zusammenfassung. Eine Middleware kann die Entwicklung von verteilten Systemen deutlich vereinfachen, insbesondere bei komplexen und heterogenen Systemen. Für verteilte Systeme mit harten Echtzeitanforderungen ist eine zeitlich vorhersagbare Kommunikation unverzichtbar, so dass die Nutzung der gemeinsam genutzten Kommunikationsressourcen geplant werden muss. Diese Arbeit erweitert die Publish/Subscribe-Middleware FAMOUSO um die nötigen Komponenten, um harte Echtzeitanforderungen auch bei hoher Netzwerkauslastung durchsetzen zu können. Dabei wird die Eignung der Middleware für stark ressourcenbeschränkte eingebettete Systeme gewahrt.

1 Einleitung

Im zunehmenden Maße werden auch im Echtzeitbereich verteilte Systeme eingesetzt, bei denen mehrere vernetzte Computer gemeinsam eine zeitkritische Aufgabe erfüllen. Verteilte Systeme bringen große Flexibilität mit sich, jedoch entstehen durch die notwendige Kommunikation zwischen den Rechnern zusätzliche Verzögerungen und neue potentielle Quellen für Zeitfehler, wie Zugriffskonflikte und Stauungen im Kommunikationsnetz. Jene Fehler müssen verhindert werden, um die Echtzeitfähigkeit des Gesamtsystems garantieren zu können. Andere Middlewares, die sich als echtzeitfähig bezeichnen, wie RTPS [4] und NDDS [5], setzen eine niedrige Netzwerkauslastung und damit eine Überdimensionierung der Netzwerkressourcen voraus. Hier muss nach jeder Erweiterung des Systems das komplette Systemverhalten neu evaluiert werden. Während NDDS zumindest lokale Überprüfungen zur Einhaltung von Dienstgüteeigenschaften vorsieht, erlaubt RTPS nicht einmal die Spezifikation solcher Anforderungen. Nach Ansicht des Autors eignen sich diese Middlewares daher allenfalls zur lokalen Inter-Prozess-Kommunikation, jedoch nicht für verteilte Systeme mit harten Echtzeitanforderungen.

Die Diplomarbeit des Autors [1] erweitert die Publish/Subscribe-Middleware FAMOUSO [2,3] um Echtzeitkommunikationskanäle, für die nach dem erfolgreichen Kanalaufbau eine beschränkte Latenz mit geringem Jitter garantiert wird.

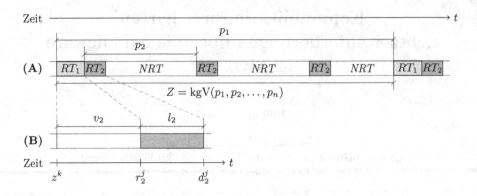

Abb. 1. TDMA-Zyklus mit Zeitparametern: **(A)** Beispielhafte Medienzuteilung, **(B)** Echtzeitslot RT_2.

Die Middleware erlaubt die Spezifikation von harten Echtzeitanforderungen individuell für jeden Kanal, den Aufbau der entsprechenden Kanäle zur Laufzeit, das Versenden („Publizieren") von Echtzeitnachrichten über die Kanäle, die Benachrichtigung über eingehende Nachrichten abonnierter Kanäle, sowie die Benachrichtigung bei Fehlern. Das zugrunde liegende Konzept zur Bereitstellung der Echtzeitgarantien wird in diesem Artikel in Grundzügen vorgestellt. Es wurde für CAN und Ethernet ausgearbeitet und implementiert, ist aber auch auf andere Netzwerktypen übertragbar.

Der Entwurf der Echtzeitkanäle orientiert sich an Echtzeitanwendungen zur digitalen Steuerung und Regelung, bei denen das Einlesen von Sensordaten, die Verarbeitung und die Ausgabe von Steuersignalen periodisch wiederholt werden. In verteilten Systemen sind an dieser Kette oft mehrere Komponenten beteiligt, wobei diese periodisch kommunizieren. Gemäß dieser typischen Anforderung wird für die Echtzeitkanäle streng periodische Kommunikation vorgesehen. Diese Flexibilitätseinschränkung geht mit dem großen Vorteil einher, dass es damit a-priori-Wissen über die Sende- und Empfangszeitpunkte gibt. Dieses Wissen ist ideal für die Bereitstellung von Echtzeitgarantien beim Medienzugriff und für eine schnelle Fehlererkennung.

2   Regulierung des Medienzugriffs

Übergeordnet zur eigentlichen Medienzugriffssteuerung des jeweils verwendeten Netzwerks wird in der Middleware eine zusätzliche Software-Schicht zur Regulierung der Medienzugriffe eingeführt. Sie verhindert nicht vorhersagbare Verzögerungen bei der Kommunikation, indem sie die Sendezeitpunkte aller im Netzwerk übertragenen Nachrichten koordiniert. Hierbei wird ein Zeitmultiplexverfahren (TDMA) eingesetzt.

Die Medienzeit wird in Zyklen unterteilt. Ein Zyklus besteht aus einer Abfolge von Zeitschlitzen (Slots). Abb. 1 zeigt einen beispielhaften TDMA-Zyklus.

Jeder der Zeitschlitze ist entweder für einen Echtzeit-Publisher (dem Sender auf einem Echtzeitkommunikationskanal) reserviert (RT_i) oder frei (NRT). Alle Slots eines Publishers i haben die gleiche Länge bzw. Dauer l_i und sind streng periodisch angeordnet, d. h. ein Slot wiederholt sich jeweils nach der Periode p_i. Die Länge des TDMA-Zyklus' Z entspricht dem kleinsten gemeinsamen Vielfachen aller Perioden p_i. Während eines Zeitschlitzes RT_i, also zwischen der Bereitzeit des Mediums r_i^j und der Frist zum Abschluss der Datenübertragung d_i^j, hat der Publisher i die alleinige Sendeberechtigung für das Medium, wodurch Zugriffskonflikte vermieden werden. Die Middleware stellt die Einhaltung dieser Vereinbarung sicher. Freie Slots werden für Nicht-Echtzeit-Nachrichten verwendet (Details siehe [1, S. 30 ff.]).

Die Echtzeitanforderungen des Publishers i werden durchgesetzt, indem die Slots RT_i gemäß seiner Anforderungen für ihn reserviert werden. Der Planer teilt dem Publisher eine Bereitzeit r_i^j zu. Durch Additionen bzw. Subtraktion von Vielfachen der Periode kann die Menge aller späteren bzw. früheren Bereitzeiten bestimmt werden. Eine vom Publisher i veröffentlichte Nachricht wird diese zur nächsten Bereitzeit r_i^{j+n} versendet. Zur Veröffentlichung wird maximal die beim Planer reservierte Datenmenge akzeptiert, für welche die Slotlänge ausgelegt ist. Die Publisher-Anwendung ist verpflichtet, in jeder Periode eine Nachricht zu veröffentlichen. Dies ermöglicht der Middleware, über das Ausbleiben von Nachrichten Fehler zu erkennen. Die Fehler werden der Abonnenten-Anwendung gemeldet, so dass diese angemessen auf das Fehlen aktueller Informationen reagieren kann, beispielsweise indem ein sicherer Zustand eingenommen wird.

Auf einem Rechner kann es mehrere Echtzeit-Publisher und damit auch mehrere Echtzeitkommunikationskanäle geben. Durch die enge Kopplung des Publishers i und des passend reservierten Kommunikationskanals ist beim Versenden kein lokales Scheduling der Nachrichten nötig. Die Planungskomplexität wird komplett in einen rechenstarken Planer-Rechner verlagert. Der zentralisierte Planungsansatz wird bevorzugt, weil dieser im Vergleich zu einem verteilten Ansatz mit deutlich geringeren Ressourcenanforderungen für die einzelnen Rechner einhergeht. So können auch kleinste eingebettete Systeme wie Smart Sensors an der dynamischen Medienzeitvergabe teilnehmen.

3   Dynamische Planung

FAMOUSO verlangt als Publish/Subscribe-Middleware die Unterstützung von spontaner Kommunikation, d. h. dass sich die Kommunikationsteilnehmer zur Laufzeit ändern können und eine dynamische Planung nötig ist. Um Echtzeitkommunikationskanäle zur Laufzeit aufbauen zu können, müssen die Echtzeit-Publisher der zentralen Planer-Komponente ihre Anforderungen übermitteln. Diese überprüft anschließend die Einplanbarkeit. Wenn die Einhaltung der Anforderungen garantiert werden kann, reserviert der Planer die entsprechende Medienzeit als Kommunikationskanal für den Publisher und teilt das diesem mit. Falls die Einplanung nicht möglich ist, wird auch dies dem Publisher mitgeteilt. Für den Informationsaustausch zwischen Publisher und Planer verwendet die

Middleware ein fehlertolerantes zustandsbasiertes Protokoll [1, S. 55 ff.]. Es verhindert inkonsistente Sichten des Plans, die sonst zur mehrfachen Vergabe von Medienzeit und damit zur Verletzung der Echtzeitgarantien führen könnten.

Bei der Planung muss zuerst die Slotlänge bzw. -dauer l_i bestimmt werden. Die wesentlichen Eingabeparameter sind hierbei die Parameter des Netzwerks, wie die Header-Größe und die Bitrate, sowie die maximale Nutzdatenmenge einer Nachricht in Bytes. Falls eine Nachricht auf Netzwerkebene nicht in einem Paket versendet werden kann, wird sie nach einem für die Middleware entwickelten adaptiven Protokoll [6] in Fragmente zerlegt. In diesem Fall geht die Gesamtdatenmenge aller Fragmente und die Fragmentanzahl in die Berechnung ein. Bei der Modellierung der Slotlänge [1, S. 39 ff.] werden außerdem obere Schranken für die lokalen Verzögerungen (in der Middleware, der Hardware, und ggf. dem Betriebssystem) sowie die Genauigkeit der Uhrensynchronisation einbezogen. Ergebnis der Berechnung ist die Slotdauer l_i nach der die Nachrichtenübertragung in jedem Fall abgeschlossen ist, auch beim Erreichen der oberen Schranken, die für die Verzögerungen und die Ungenauigkeit der Uhrensynchronisation angegeben wurden.

Nachdem neben der direkt vorgegebenen Periode nun auch die nötige Slotlänge bekannt ist, folgt die Einplanung in den TDMA-Zyklus [1, S. 46 ff.]. Die zentrale Aufgabe hierbei ist die Suche nach einer Phasenverschiebung v_i, also einem Slotbeginn r_i^j relativ zum Zyklusbeginn z^k, bei dem sich keiner der neu einzuplanenden Slots RT_i mit einem bereits reservierten Slot RT_j überschneidet. Zur Lösung der Aufgabe wird ein Boolescher Belegungsvektor des TDMA-Zyklus verwendet, in dem die Zykluszeit nach der Uhrengranularität diskretisiert ist. Mit dieser Datenstruktur kann für alle unterscheidbaren Zeitpunkte effizient in konstanter Zeit überprüft werden, ob das Medium bereits reserviert ist. Die Suche in dieser Datenstruktur erfolgt mittels einer First-Fit-Strategie in der Laufzeit $\mathcal{O}(\frac{Z}{G})$ wobei Z die (bisherige) Zykluslänge und G die Granularität der Zeitdiskretisierung ist.

Wird ein passendes v_i gefunden, so werden die Slots entsprechend reserviert, der nächste Slotbeginn r_i^j berechnet und dieser dem Publisher mitgeteilt. Die Middleware kann nun mit der Auslieferung von Nachrichten über diesen Kanal beginnen. Falls kein v_i gefunden wird, so wird dem Publisher mitgeteilt, dass die Reservierung nicht möglich ist. Veröffentlichte Nachrichten werden folglich nicht versendet. Abonnenten werden von der Middleware über den Fehler informiert, so dass diese angemessen reagieren können.

4   Implementierung und Evaluierung

Die entwickelten Konzepte wurden in FAMOUSO implementiert. Dabei wurde auf Konfigurierbarkeit und Portabilität geachtet. Die Middleware lässt sich zur Kompilierzeit an die Anforderungen der jeweiligen Anwendung anpassen, um den Ressourcenbedarf auf den Rechnern zu minimieren. Der überwiegende Teil der template-basierten C++-Implementierung sind plattform- und netzwerkunabhängig, so dass die Portierung auf andere Plattformen und die Unterstützung

Tabelle 1. Latenzen $\mathcal{L}$ bei CAN und Ethernet mit verschiedenen Nutzdatenmengen N (Minimum, Maximum, Jitter, Erwartungswert und Standardabweichung der gemessenen Verteilungen von $\mathcal{L}$ sowie die berechnete Dauer der Mediennutzung D_T)

Netzwerk (Kanal)	N in $Byte$	\multicolumn{5}{c}{Latenzen $\mathcal{L}$ in μs}	D_T in μs
		$\min(\mathcal{L})$	$\max(\mathcal{L})$	Jitter	$E(\mathcal{L})$	$\sigma(\mathcal{L})$	
CAN							
(A)	8	578	630	52	599	6	524–764
(B)	32	2.828	2.882	54	2.852	6	2.524–3.700
Ethernet							
(A)	8	34	81	47	41	4	7
(B)	3.200	303	342	39	310	4	269

weiterer Netzwerk-Typen mit geringem Aufwand möglich ist. Die Implementierung wurde mit einer beispielhaften verteilten Echtzeitanwendung in einem dedizierten Netzwerk von fünf mit Linux/Xenomai betriebenen PCs evaluiert.

Um die Echtzeitanforderungen durchsetzen zu können, müssen die Nachrichten innerhalb der für sie reservierten Slots übertragen werden. Dafür muss die durch Kommunikation entstehende Latenz entsprechend beschränkt sein. Für viele Anwendungen ist außerdem ein minimaler Jitter gewünscht, also eine möglichst geringe Differenz von der maximal und der minimal auftretenden Latenz. Zur Einschätzung, inwieweit diese Ziele erreicht wurden, wurden für zwei Echtzeitkanäle eines Testszenarios sechs Stunden lang Latenzen gemessen und aufgezeichnet. Auf vier weiteren Kanälen wurde zusätzliche Netzwerklast erzeugt. Tabelle 1 zeigt die Messergebnisse sowie Nutzdatenmenge N der Nachrichten für CAN ($250\,kbit/s$) und Ethernet ($100\,Mbit/s$). Als Latenz $\mathcal{L}$ wurde die Verzögerung vom Senden bis zum Empfangen der Nachricht (jeweils in der Middleware) gemessen. Auf Kanal (A) wurden ca. 1 Million Messwerte aufgenommen, auf Kanal (B) wegen fünffacher Periode ca. 200.000 Messwerte. Auf Kanal (A) wird die Nachricht als ein Paket versendet. Auf Kanal (B) muss die Nachricht in mehrere Pakete aufgeteilt übertragen werden. Die gemessenen Latenzen bestätigen die zeitliche Vorhersagbarkeit der Kommunikation. Auf allen Kanälen ist der gemessene Jitter mit ca. $50\,\mu s$ gering, wobei die Standardabweichung zeigt, dass der überwiegende Teil der Messwerte sehr nah am Erwartungswert liegt. Die minimalen Latenzen sind etwas höher als die jeweils berechnete Dauer zur Übertragung der Nachricht auf dem Medium D_T[1]. Die Unterschiede sind auf die Verzögerungen zurückzuführen, die durch die Hardware und Software des Sende- und Empfangsrechners entstehen. Aufgrund der Messung innerhalb der Middleware sind diese in der Latenz enthalten. Die lokalen Verzögerungen werden jedoch bei der Netzwerkplanung berücksichtigt. Bei allen Versuchen liegen die maximalen Latenzen deutlich unter der reservierten Slotlänge. Dies bestätigt, dass die bei der Planung getroffenen Annahmen hinreichend sind und die Nachrichten innerhalb der reservierten Slots übertragen werden.

---

[1] Zur Berechnung von D_T siehe [1, S. 42 ff.]. Bei CAN werden Minimum und Maximum angegeben, da D_T dort aufgrund von Bit-Stuffing vom Nachrichteninhalt abhängt.

Eine genauere Beschreibung des Versuchsaufbaus, weitere Messergebnisse, auch zur Genauigkeit der Uhrensynchronisation, sowie weitere Aspekte der Evaluierung, wie die Eignung der echtzeitfähigen Middleware für eingebettete Systeme, sind in [1, S. 87 ff.] zu finden.

5 Zusammenfassung

Die vorgestellte Erweiterung der Middleware FAMOUSO ermöglicht die Durchsetzung von harten Echtzeitanforderungen bei der Kommunikation mehrerer Rechner in einem Netzwerk. Hierfür wird ein neues Konzept zur Koordination der Medienzugriffe umgesetzt, das auf dem TDMA-Prinzip aufbaut, geringen Jitter mit sich bringt und eine effiziente Übertragung von periodischen Nachrichten ermöglicht. Es wurde anhand von CAN und Ethernet ausgearbeitet, kann aber auch für Netzwerke angewendet werden. Teil des Konzepts sind auch ein Planungsalgorithmus, der den Aufbau von Echtzeitkanälen mit individuellen Anforderungen zur Laufzeit ermöglicht, sowie ein fehlertolerantes Protokoll, das den dafür nötigen Informationsaustausch regelt. Bei der Konzeption und Implementierung wurde die Eignung für eingebettete Systeme wie 8-bit Mikrocontroller sichergestellt.

Literaturverzeichnis

1. Werner, Ph.: *Echtzeitkommunikationskanäle für die FAMOUSO-Middleware*. Diplomarbeit, 2011, http://www.philipp-werner.info/pub/DA_RT-FAMOUSO.pdf
2. Schulze, M.: *FAMOUSO – Eine adaptierbare Publish/Subscribe-Middleware für ressourcenbeschränkte Systeme*. In: Electronic Communications of the EASST 17, 2009, http://eceasst.cs.tu-berlin.de/index.php/eceasst/article/view/195/213
3. Schulze, M.: *Adaptierbare ereignisbasierte Middleware für ressourcenbeschränkte Systeme*. Doktorarbeit, Otto-von-Guericke Universität Magdeburg, 2011
4. Rajkumar, R., und Gagliardi, M., und Sha, L.: *The Real-Time Publisher/Subscriber Inter-Process Communication Model for Distributed Real-Time Systems: Design and Implementation*. In: In Proceedings of the IEEE Real-time Technology and Applications Symposium, 1995, S. 66–75
5. Pardo-Castellote, G., und Schneider, S.: *The Network Data Delivery Service: Real-Time Data Connectivity for Distributed Control Applications*. In: Proc. IEEE Int. Conf., 1994, S. 2870–2876
6. Schulze, M., und Werner, Ph., und Lukas, G., und Kaiser, J.: *AFP – an Adaptive Fragmentation Protocol Supporting Large Datagram Transmissions*. In: Journal of Communications, Vol 6, No 3, Mai 2011, S. 240–248

librtipc – Bibliothek für echtzeitfähige Interprozesskommunikation

Josef Raschen

Lehrstuhl für Betriebssysteme
RWTH Aachen University, 52056 Aachen
josef@raschen.org

Zusammenfassung. In der Praxis ist es häufig wünschenswert, einzelne Teile eines Systems unter Echtzeitbedingungen ausführen zu können, ohne dass ein echtzeitfähiges Betriebssystem zur Verfügung steht. Ein Ansatz dies zu realisieren ist die Isolation einzelner Prozessorkerne eines Mehrkernprozessors vom Rest des Systems, um auf diesem Echtzeitprozesse auszuführen. Für die notwendige Kommunikation der isoliert laufenden Prozesse mit dem nicht echtzeitfähigen Rest des Systems sind spezielle nicht-blockierende Algorithmen erforderlich, welche die Echtzeitfähigkeit nicht beeinträchtigen. Die Bibliothek *librtipc* implementiert Interprozesskommunikation unter Nutzung solcher Algorithmen für verschiedene Anwendungszwecke.

1 Einleitung

Eine saubere Trennung zwischen Echtzeitsystemen und nicht echtzeitfähigen Systemen existiert in der Realität häufig nicht. Nicht selten müssen nur einzelne Komponenten eines Systems aus Sicherheitsgründen, oder um eine bestimmte Funktionalität zu realisieren, harte Fristen einhalten, während an den Rest des Systems keine Echtzeitanforderungen gestellt werden müssen. Für solche Anwendungsfälle wäre es wünschenswert, auch mit einem gewöhnlichen, nicht-echtzeitfähigen Betriebssystem einzelne Aufgaben unter Einhaltung von harten Fristen ausführen zu können.

Das Isolieren von CPU-Kernen eines Mehrkernprozessors zur Ausführung von Echtzeitprozessen ist, wie von Wassen u.a. gezeigt [1], eine Möglichkeit dies zu realisieren. Dadurch können negative Einflüsse auf die Echtzeitfähigkeit eines dort laufenden Prozesses minimiert werden. Allerdings schränkt dies auch die Kommunikationsmöglichkeiten zwischen isoliert laufenden Prozessen und dem nicht echtzeitfähigen Rest des Systems ein: Die üblicherweise hierzu verwendeten blockierenden Techniken der Prozesssynchronisation sind nur eingeschränkt nutzbar, da echtzeitfähige Prozesse nicht für eine unvorhersagbar lange Zeit blockiert werden dürfen. Eine Alternative stellen nicht-blockierende Synchronisationstechniken dar.

Die im Rahmen einer Diplomarbeit entstandene Bibliothek [2] stellt Mechanismen für verschiedene Anwendungsfälle der echtzeitfähigen Interprozesskommunikation zur Verfügung. Basierend auf Shared-Memory wurde jeweils eine

Variante für die ARMv7 und die Intel x86 Architektur für das Betriebssystem Linux implementiert.

2   Echtzeitfähige Interprozesskommunikation

Der Begriff *Interprozesskommunikation* (*IPC*) fasst verschiedene Verfahren des Informationsaustausches zwischen den Prozessen eines Systems zusammen. Eine Möglichkeit zur Realisierung von IPC ist die Verwendung von *Shared-Memory*. Dabei wird ein Teil des physikalischen Speichers in den Adressraum der kommunizierenden Prozesse eingebettet. Über ein genau festgelegtes Protokoll greifen die Teilnehmer dann auf diesen Speicherbereich zu.

Die Konsistenz der Daten im Shared-Memory wird mit Mitteln der *Prozesssynchronisation* sichergestellt. Die typischerweise dazu eingesetzten blockierenden Synchronisationstechniken haben für den Bereich der Echtzeitverarbeitung einen entscheidenden Nachteil: Durch den exklusiven Zugriff eines Teilnehmers wird das zeitliche Verhalten aller Teilnehmer beeinflusst. Die maximale Blockierzeit sowie die maximale Frequenz des exklusiven Zugriffs auf die IPC-Ressource muss daher im voraus bekannt sein. Sobald diese Informationen von mindestens einem Teilnehmer nicht ermittelt werden können, sind die Anforderungen von harter Echtzeit nicht erfüllbar. Das gilt insbesondere für die Kommunikation zwischen Prozessen mit Echtzeitanforderungen und nicht echtzeitfähigen Prozessen.

Eine Alternative zur Implementierung von Interprozesskommunikation bieten nicht-blockierende (engl. *lock-free*) Synchronisationstechniken. Dabei wird häufig folgendes Muster genutzt: Es wird mehreren Prozessen gleichzeitig der Zugriff auf einen gemeinsamen Speicherbereich gewährt. Wiederholt wird auf diesen Speicher zugegriffen und anschließend mithilfe einer atomaren Operation der Erfolg dieses Zugriffs getestet, bis ein Durchlauf erfolgreich war. So wird der Fortschritt von zumindest einem der Teilnehmer sichergestellt. Solche Algorithmen können zwar systemweiten Fortschritt garantieren, jedoch nicht, dass dies auch fair geschieht. Es kann noch immer zum Verhungern von Teilnehmern kommen. Daher ist es immer noch nötig, die maximale Frequenz der Zugriffe aller Teilnehmer zu kennen, um Annahmen über die Echtzeitfähigkeit eines so implementierten IPC-Mechanismusses treffen zu können.

Eine besondere Unterklasse der nicht-blockierenden Algorithmen mit der Eigenschaft *wait-free* kann aber auch das Verhungern von Teilnehmern ausschließen. Diese Algorithmen erlauben die Angabe der maximalen Laufzeit (*WCET*), in der der Fortschritt für jeden einzelnen Teilnehmer garantierbar ist. Da die WCET unabhängig vom Verhalten anderer Prozesse ist, ist ein Verhungern ausgeschlossen. Deshalb sind diese Algorithmen optimal für die Anwendung im Echtzeitumfeld. Obwohl die theoretische Realisierbarkeit solcher Algorithmen für eine beliebige Anzahl lesend und schreibend zugreifender Prozesse durch Herlihy bewiesen wurde [3], existieren jedoch bis heute nur wenige praxistaugliche Implementierungen.

Neben den auch bei klassischer IPC auftretenden Problemen wie das *Erzeuger-Verbraucher-Problem* oder das *Leser-Schreiber-Problem* tritt bei nicht-blockierender IPC häufig das sogenannte *ABA-Problem* auf. Die Ursache liegt in der Verwendung einer atomaren *compare-and-swap* Operation (*CAS*) zur Überprüfung von Referenzen: Der Wert A einer Referenz wird gespeichert und nach Ausführen einer bestimmten Operation die Referenz aktualisiert, falls diese in der Zwischenzeit nicht von einem anderen Prozess verändert wurde. Wird die Referenz jedoch auf einen Wert B und dann zufällig wieder zurück auf den Wert A gesetzt, würde durch die CAS-Operation fälschlicherweise von einer unveränderten Referenz ausgegangen. Die eigentliche Idee, über eine unveränderte Referenz auf die Beschaffenheit der Daten, auf die diese Referenz verweist, zu schließen, wäre damit hinfällig.

Ein Ansatz zur Lösung des ABA-Problems versucht sicherzustellen, dass ein Speicherbereich erst dann wieder genutzt wird, wenn keine ABA-gefährdete Referenz auf diesen mehr existiert. Von Michael wurde dies mit sogenannten *Hazard-Pointern* zur Realisierung einer nicht-blockierenden Warteschlange (engl. *Queue*) umgesetzt [4].

3 librtipc

Die IPC-Bibliothek *librtipc* wurde speziell für die Kommunikation zwischen Prozessen mit unterschiedlichen Echtzeitfähigkeiten entwickelt. Dazu stehen den Prozessen IPC-Objekte für verschiedene Anwendungsfälle zur Verfügung. Die IPC-Objekte greifen auf betriebssystem- und hardwarespezifische Funktionen über eine Zwischenschicht zu. Die Abstraktionsschicht zum Betriebssystem bietet eine Schnittstelle zur Nutzung des Shared-Memory. Da die Speicherverwaltung gewöhnlicher Betriebssysteme nicht echtzeitfähig ist, wird der gesamte im Echtzeitbetrieb benötigte Shared-Memory über diese Schnittstelle im voraus alloziert. Die Speicherverwaltung innerhalb des allozierten Shared-Memory übernimmt *librtipc* dann selbst.

Die zur Verfügung gestellten IPC-Objekte sind in Tabelle 1 dargestellt. Neben drei klassischen blockierenden Mechanismen zur Synchronisation per Mutex, Barriere und einem Flag bietet *librtipc* vier unterschiedliche warteschlangenbasierte IPC-Objekte sowie ein Objekt, welches für das Auslesen von Sensordaten nützlich ist. Die Warteschlangen-Objekte und das *Sensor-Puffer*-Objekt sind mit der Eigenschaft lock-free implementiert, einzelne sind sogar wait-free. In Abhängigkeit der CPU-Architektur variieren diese Eigenschaften bei einigen Objekten, was durch die Art und Weise der Implementierung der atomaren Operationen verursacht wird.

Die Single-Producer/Single-Consumer (SPSC) Queue für einen Produzenten und einen Verbraucher kommt ohne spezielle atomare Operationen aus und erfüllt die Bedingungen für die Eigenschaft wait-free. Das genutzte Prinzip wurde von Lamport vorgestellt [5,6]. Es handelt sich dabei um eine Warteschlange mit FIFO-Charakteristik, die intern über einen Ringpuffer realisiert ist. Zwei gemeinsam genutzte Indizes zeigen das erste Element (*Head*) und auf den nächsten

Tabelle 1. IPC-Objekte von *librtipc*

IPC-Objekt		Intel x86	ARMv7
Mutex	blockierend		
Barriere	blockierend		
Flag	blockierend		
Wait-Free SPSC Queue	single-producer single-consumer	wait-free	wait-free
Wait-Free MPSC Queue	multi-producer single-consumer	wait-free	lock-free producer wait-free consumer
Lock-Free MPSC Queue	multi-producer single-consumer	lock-free producer wait-free consumer	lock-free producer wait-free consumer
Lock-Free MPMC Queue	multi-producer multi-consumer	lock-free	lock-free
Sensor-Puffer	single-writer single-reader	wait-free writer lock-free reader	wait-free writer lock-free reader

freien Slot des Ringpuffers (*NextSlot*) (Abb. 1 a)). In diesen Slot werden neue Elemente eingetragen. *NextSlot* wird daraufhin auf den folgenden Slot gesetzt. Gelesen wird immer das Element am Kopf der Warteschlange. Danach wird *Head* auf den darauf folgenden Slot aktualisiert. Falls der Index des Slots, der auf *NextSlot* folgt identisch ist mit dem Slot auf den *Head* verweist, ist die Queue voll und weiteres Anhängen von Daten nicht möglich. Eine leere Queue kann erkannt werden, wenn die Werte von *Head* und *NextSlot* gleich sind. Da sowohl das Anhängen von Daten als auch die Lese-Operation des SPSC-Queue Objektes ohne Nutzung von Schleifen implementiert ist, kann die Implementierung die Eigenschaft wait-free erfüllen.

Basierend auf der SPSC-Queue wurde außerdem eine Warteschlange für mehrere Produzenten und einen Verbraucher umgesetzt. Dabei wird pro Produzent eine SPSC-Queue genutzt, an die dieser Prozess neue Elemente anhängt (Abb. 1 b)). Zum Entfernen von Elementen sind verschiedene Strategien möglich, da ein Kopf-Element von den verwendeten SPSC-Queues zum Entfernen ausgewählt werden muss. Eine implementierte Strategie basiert auf einer systemweit eindeutigen 64-Bit ID, die jedes Element beim Eintragen in eine der SPSC-Queues erhält. Die Lese-Operation wählt dann dasjenige Kopf-Element mit der niedrigsten ID zum Lesen aus. Eine weitere implementierte Strategie liest reihum aus den SPSC-Queues. Ist eine der SPSC-Queues leer, wird aus der Nächsten gelesen.

Ein drittes Warteschlangen-Objekt für mehrere Produzenten und mehrere Verbraucher (MPMC) mit Eigenschaft lock-free basiert auf einem von Michael vorgestellten Algorithmus [7]. Das Objekt ist als einfach verkettete Liste realisiert mit einem Dummy-Element am Kopf und einem von allen Teilnehmern gemeinsam genutzten *Head*- und *Tail*-Index (Abb. 1 c)). Zum Speichern der konstant großen Elemente steht eine Liste im Shared-Memory zur Verfügung. Die

Indizes *Head* und *Tail* werden mithilfe einer CAS-Operation aktualisiert. Zur Lösung des ABA-Problems findet hier die Hazard-Pointer-Technik Anwendung.

Nach dem Prinzip der MPMC-Queue ist auch eine Warteschlange für mehrere Erzeuger, aber nur einen Verbraucher umgesetzt. Dadurch lässt sich die Lese-Operation deutlich vereinfachen und sogar wait-free implementieren, da keine CAS-Operation nötig ist und nur noch Schleifen mit endlicher Anzahl an Iterationen verwendet werden.

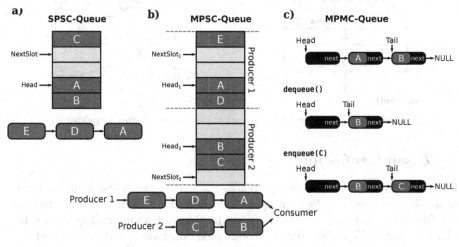

Abb. 1. Queue-Objekte

Ein weiteres IPC-Objekt ist für einen speziellen Anwendungsfall gedacht, in dem Sensordaten von einem nicht echtzeitfähigen Prozess angefordert werden, diese aber von einem unter harten Echtzeitbedingungen laufenden Prozess periodisch zur Verfügung gestellt werden. Daraus folgt automatisch, dass das Schreiben der Daten wait-free ausgeführt werden muss. Eine Verwendung der vorgestellten SPSC-Queue ist hier nicht sinnvoll, wenn beim Lesen der Sensordaten nur die aktuellsten Daten von Interesse sind. Zudem kann die Warteschlange voll laufen, wodurch die aktuellsten Daten verloren gehen. Deshalb verwendet das sogenannte *Sensor-Puffer*-Objekt eine begrenzte Anzahl Puffer, die vom schreibenden Prozess als Ringpuffer für die Sensordaten genutzt werden (Abb. 2). Eine geteilte Variable *LastWritten* signalisiert dem lesenden Prozess, in welchem Puffer die aktuellsten Daten zu finden sind. Zusätzlich hat jeder Eintrag des Ringpuffers ein *Valid*- und ein *Reader*-Flag, die vor dem Schreiben der Daten auf den Wert 0 zurückgesetzt werden. Durch Setzen des *Valid*-Flags auf 1, nachdem Daten in den Puffer geschrieben wurden, wird die Gültigkeit dieser Daten signalisiert. Beim Lesen wird immer der Puffer, auf den *LastWritten* verweist, genutzt. Dabei wird zunächst das *Reader*-Flag auf 1 gesetzt und nach dem Lesen der Daten überprüft. Hat der schreibende Prozess in der Zwischenzeit auf den Puffer zugegriffen, ist dieses Flag zurückgesetzt und es muss erneut der Puffer, auf den *LastWritten* nun verweist, gelesen werden.

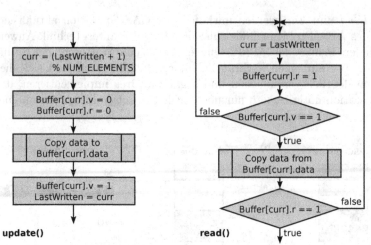

Abb. 2. Schreib- und Leseoperation des *Sensor-Puffer*-Objektes

4 Zusammenfassung

Die vorgestellte Bibliothek *librtipc* realisiert Objekte zur echtzeitfähigen Interprozesskommunikation, die ohne spezielle Fähigkeiten des Betriebssystems oder der Hardware auskommen. Die vier nicht-blockierenden Queue-Objekte der Bibliothek sind insbesondere für die Kommunikation zwischen Prozessen mit unterschiedlichen Echtzeitanforderungen geeignet. Mit dem *Sensor-Puffer*-Objekt steht zudem ein Objekt zum Lesen von unter Echtzeitanforderungen periodisch aktualisierten Daten zur Verfügung. Eine Implementierung der Bibliothek existiert jeweils für die Intel x86 und die ARMv7 Architektur. Portierungen auf weitere Architekturen und Betriebssysteme werden durch den modularen Aufbau der Bibliothek unterstützt.

Literaturverzeichnis

1. Wassen, G., Lankes, S. und Bemmerl, T.: *Harte Echtzeit für Anwendungsprozesse in Standard-Betriebssystemen auf Mehrkernprozessoren*, Herausforderungen durch Echtzeitbetrieb - Echtzeit 2011, 2012
2. Raschen, J.: *Hardwareunabhängige Interprozesskommunikation für Echtzeitanwendungen*, Diplomarbeit, RWTH Aachen University, 2011
3. Herlihy, M. P.: *Wait-Free Synchronization*, ACM Transactions on Programming Languages and Systems, 1991
4. Michael, M. M.: *Hazard Pointers: Safe Memory Reclamation for Lock-Free Objects*, IEEE Transactions on Parallel and Distributed Systems, 2004
5. Lamport, L.: *Concurrent Reading and Writing*, Communications of the ACM, 1977
6. Lamport, L.: *Proving the Correctness of Multiprocess Programs*, IEEE Transactions on Software Engineering, 1977
7. Michael, M. M. und Scott, M. L.: *Simple, Fast, and Practical Non-Blocking and Blocking Concurrent Queue Algorithms*, Proceedings of the fifteenth annual ACM symposium on Principles of distributed computing, 1996

Entwicklung einer echtzeitfähigen Ethernet-Anbindung unter VxWorks

Andreas Schwierz

Fakultät für Informatik
Hochschule Landshut, 84036 Landshut
andreas.schwierz@fh-landshut.de

Zusammenfassung. Klassische Entwicklungsanforderungen von Ethernet haben dazu geführt, dass selbst bei Echtzeitbetriebssystemen wie VxWorks nicht eine niedrige Latenz bei der Übertragung von Ethernet-Paketen im Vordergrund stand, sondern die Erzielung eines möglichst hohen mittleren Durchsatzes. Der Einsatz in Systemen, die eine definierte Übertragungszeit fordern, ist somit nur bedingt möglich. Dieser Umstand erfordert eine Software-Erweiterung, die Ethernet-Ströme eines VxWorks-Systems in ihrem zeitlichen Verhalten vorhersagbar macht.

1 Einleitung

Die Netzwerktechnologie Ethernet entstammt aus dem Bereich der lokalen Datennetze und wurde stetig mit dem Ziel weiterentwickelt, höhere Datenübertragungsgeschwindigkeiten zu erreichen. Durch die hohe Verbreitung von Ethernet und die dadurch implizierten günstigen Hardware-Preise wird Ethernet ein interessantes Übertragungsmedium für den Einsatz in Branchen, wo nach wie vor sehr teure und proprietäre Kommunikations-Hardware verwendet wird.

Auf Ethernet basierende Standards finden bereits in Bereichen wie der Fabrikautomatisierung durch EtherCat oder Profinet, in der Flugzeugbranche durch AFDX (Avionic Full Duplex Switched Ethernet) oder in der Zugindustrie durch TCN (Train Communication Network) Verwendung. Mit Ausnahme von AFDX und des TCN-Standards, welcher sich noch im Entwurfsstadium befindet, setzen viele dieser »Echtzeit-Ethernet-Standards« auf den Einsatz von spezieller Hardware, damit bestimmte Obergrenzen für Jitter und Latenzen garantiert werden können. Durch diese Entscheidung ist es nicht möglich, herkömmliche Ethernet-Komponenten aus dem Konsumentenbereich einzusetzen. Um diesen Trend zu beenden ist es notwendig, Software-Ansätze zu entwickeln, die einerseits Latenzen gering halten und andererseits keine Änderungen am bestehenden Ethernet-Protokoll vornehmen.

Der erste Gedanke, der sich bei den obigen Anforderungen einstellt, ist eine schon vorhandene Methode zur Ethernet-Strom-Priorisierung, wie »Quality of Service« (QoS), zu verwenden. Mit seinen »Differentiated Services« (DiffServ) bietet QoS eine Möglichkeit, den Datenverkehr in einem IP-basierten Netzwerk zu verwalten, so dass eine Differenzierung zwischen verschiedenen Netzwerkdiensten in ihrer Wichtigkeit umgesetzt werden kann. Implementiert wurde QoS in VxWorks nur bei dem Versand von Ethernet-Paketen [1]. Eingehende Pakete mit einem QoS-Merkmal werden bei der Abarbeitung im Netzwerk-Stack nicht unterschiedlich wichtig behandelt.

»Quality of Service« hat seine Daseinsberechtigung bei der Priorisierung von Diensten. Wird es aber notwendig, nicht verschiedene Dienste, die mit einem System über eine physikalische Verbindung kommunizieren, zu gewichten, sondern nur eine bestimmte physikalische Netzwerkverbindung eines Endgerätes wichtiger einzustufen als eine andere, dann muss ein neues Konzept entwickelt werden.

Dadurch kann eine Trennung von zeit-kritischen und zeit-unkritischen Netzwerkströmen in einem Endgerät schon in der physikalischen Schicht beginnen. Ein Beispiel hierfür wäre ein Endgerät mit zwei Netzwerk-Controllern, wobei der erste für eine Echtzeit-Kommunikation verwendet wird und der zweite für eine nicht kritische Videoübertragung. Damit diese Priorisierung, die bei der Auswahl des Netzwerk-Controllers begonnen hat, fortgesetzt werden kann, muss das Ziel sein, dass bereits innerhalb der Treiberschicht ankommende Netzwerkströme priorisiert werden können.

2   Aktuelles Design der VxWorks-Ethernet-Anbindung

Durch das derzeitige Design von VxWorks für die Abarbeitung des Ethernet-Verkehrs ist eine derartig frühe Priorisierung, wie oben gefordert, nicht realisierbar. Die zentrale Schnittstelle zwischen den Data Link Layer und den darüber liegenden Protokollschichten ist bei einem VxWorks-System der MUX-Layer (vgl. Abb. 1). Er vermittelt den kompletten Netzwerkverkehr zwischen den einzelnen Netzwerkschnittstellen und leitet die Pakete an die Protokolle weiter, die sich für einen bestimmten Typ von Daten angemeldet haben.

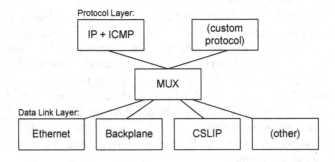

Abb. 1. MUX als Multiplexer zwischen Sicherungs- und Protokollschicht. [2]

Die Arbeit der Software-Komponenten, welche in Abb. 1 beschrieben sind, wird innerhalb eines singulären Task-Kontextes verrichtet. Die Net-Task, auch bekannt unter dem Namen »tNet0«, ist dafür zuständig. Sie übernimmt die gesamte Verarbeitung der Netzwerkkommunikation, angefangen beim Netzwerk-treiber bis hin zur Socket-Schnittstelle. Diese Zusammenhänge sind in Abb. 2 mittels eines Sequenzdiagramms dargestellt.

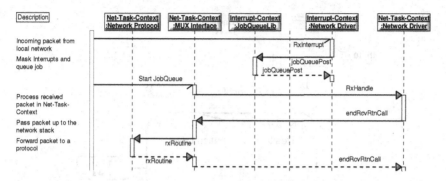

Abb. 2. Der Weg eines ankommenden Netzwerkpakets bis zur Protokollschicht.

Das rechteckige Diagrammelement besitzt zwei Eigenschaften, welche mit einem Doppelpunkt getrennt werden. Die erste ist der Task-Kontext und die zweite ist die Software-Komponente. Es ist somit ersichtlich, welche Software-Komponente in welchem Task-Kontext ausgeführt wird. Wenn ein Paket von der Netzwerkkarte empfangen wird, wird ein Interrupt erzeugt, in dessen Interrupt-Service-Routine ein Job[1] in die Job-Queue der Net-Task abgelegt wird. Eine Job-Queue ist ein FIFO-Puffer[2], in welchem Jobs abgelegt werden können, wenn ein Paket über die Socket-Schnittstelle verschickt werden soll oder ein vom Netzwerk-Controller empfangenes Paket weiterverarbeitet werden muss. Wird ein Job in die Job-Queue der Net-Task gelegt, nimmt diese ihre Arbeit auf und alle nachfolgenden Schritte werden in ihrem Kontext ausgeführt.

Nach dem Interrupt obliegt das Aufbauen und Durchführen einer Netzwerk-kommunikation allein der Net-Task. Dieser Ansatz erlaubt einen hohen mittle-ren Datendurchsatz zu erzielen, da keine Task-Wechsel oder Pufferkopien bis zur Socket-Schnittstelle nötig sind. Zugleich ergibt sich aber auch der Nachteil, dass es nun nicht möglich ist, bestimmte Ethernet-Ströme bevorzugter zu behandeln als andere. Eine unkritische Ethernet-Verbindung kann aus diesem Grund nicht für eine kritische Verbindung pausiert bzw. aufgeschoben werden.

3   Realtime Distribution Layer

Eine neue Software-Schicht mit dem Namen Realtime Distribution Layer (RDL) soll die Ethernet-Anbindung von VxWorks neu umsetzen, so dass die Proble-matik der Ethernet-Strom-Priorisierung gelöst werden kann. Das beschriebene

---

[1] Beinhaltet einen Funktionszeiger auf den Start der Paketverarbeitung.
[2] Jobs können zwar unterschiedlich priorisiert werden, kompiliert werden aber alle Netzwerktreiber mit der gleichen Job-Priorität.

Ein-Task-Design muss dafür überarbeitet werden, damit schon in der Treiberschicht Pakete nach ihrer Dringlichkeit bearbeitet werden können. Der RDL
erfüllt diese Anforderung durch sein eigenes Task-Design (vgl. Abb. 3).

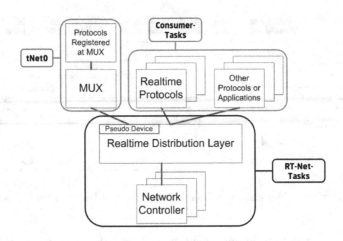

Abb. 3. Task-Design des RDL.

Der RDL definiert für jeden einzelnen Netzwerk-Controller eine eigene RT-
Net-Task. In dem Kontext solch einer Task wird der Treiber und der RDL für
eine bestimmte Netzwerkkarte ausgeführt. Protokolle oder Anwendungen können
sich direkt am RDL registrieren und werden jeweils in einer eigenen Consumer-
Task bearbeitet. Weiterhin soll der bereits vorhandene Netzwerk-Stack von Vx-
Works, der im Kontext der tNet0-Task arbeitet, für eine Netzwerkkommunikation erreichbar bleiben. Daraus folgt, dass die Schnittstelle des MUX-Layers, die
normalerweise von einem Netzwerktreiber bedient wird, benutzt werden muss.
Dies wird durch das »Pseudo Device«, welches eine virtuelle Netzwerkverbindung darstellt, realisiert (s. Abb. 3). Mit Hilfe der Vergabe von geeigneten Task-
Prioritäten kann spezifisch für einen Anwendungsfall entweder ein kompletter
Ethernet-Strom als eine kritische Kommunikation behandelt werden oder nur
dessen Verarbeitung in einem bestimmten Protokoll.

Der Integrationsaufwand für den RDL in ein bestehendes VxWorks-System
ist minimal und wurde exemplarisch für den Freescale eTSEC und den Intel
82580 anhand der RDL-Bedingungsanleitung durchgeführt. Betrachtet man den
geringen Zeitbedarf bei der Inbetriebnahme des RDL, überwiegen dessen cha-
rakteristischen Vorteile:

– Der vorhandene VxWorks Netzwerk-Stack kann weiterhin eingesetzt werden.
– Ein Ethernet-Strom kann bereits in der Treiberschicht als kritisch eingestuft
  werden.
– Protokolle können untereinander einzeln priorisiert werden.
– Die Netzwerkkommunikation ist nun in Multi-Core-Umgebungen skalierbar.

Der Einsatz des RDL rechtfertigt sich allgemein in Systemen, die eine Ethernet-Verbindung für echtzeit-kritische Daten verwenden möchten, aber nicht auf den Einsatz von Ethernet als Kommunikationsbus mit hohen Datendurchsatz verzichten können. Hier muss sichergestellt werden, dass wichtige Steuerdaten in einer definierten Zeit verarbeitet werden können, auch wenn gleichzeitig ein unkritischer Ethernet-Strom mit hoher Datenlast offen ist.

4 Messungen

Um eine Aussage über die Qualität der neu realisierten Software treffen zu können, ist es nötig, ein Testszenario zu definieren, welches den Anwendungsfall widerspiegelt, für den die Software entworfen wurde. Beim RDL handelt es sich hierbei um die Nachstellung von mindestens zwei aktiven Netzwerkverbindungen zur selben Zeit, wobei Verbindung (1) eine kritische und Verbindung (2) bzw. (3) eine unkritische darstellt (vgl. Abb. 4).

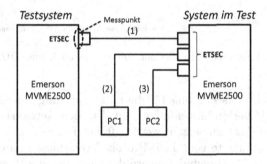

Abb. 4. Messaufbau für die Latenzmessungen von RDL und MUX.

Als Netzwerk-Controller kommt der eTSEC, welcher ein Teil des P2020 Mikrocontroller von Freescale ist, zum Einsatz. Es werden zwei VME-Bus-Karten von Emerson verwendet, die beide die Version 6.8 des Betriebssystems VxWorks installiert haben. Alle drei Verbindungen werden im 1 Gb/s-Modus betrieben. Das Testsystem verschickt in einer bestimmten Frequenz Raw-Ethernet-Pakete[3], die nach dem Erhalt im zu testenden System sofort wieder zurück geschickt werden. Beim Versenden und Empfangen werden im Messpunkt, mit Hilfe der IEEE 1588 Funktionalität des eTSEC, Zeitstempel erzeugt (s. Abb. 4). Auf diese Weise lässt sich die Latenz eines Ethernet-Pakets auf die Mikrosekunde exakt bestimmen.

Mit diesem Messaufbau soll überprüft werden, inwieweit die Latenz der hochprioren Verbindung (1) schwankt, wenn zeitgleich über die Verbindung (2) und (3) eine TCP-Kommunikation stattfindet. Verglichen werden hierbei das neue

---

[3] Pakete, die von einer Benutzerapplikation zusammengesetzt werden und nur den Ethernet-Header, gem. IEEE 802.3, und Nutzdaten (Sequenznummer) enthalten.

Task-Design des RDL und der Ansatz des MUX-Layer, um zu erfahren, für welche Zielsysteme ein bestimmtes Konzept eingesetzt werden sollte.

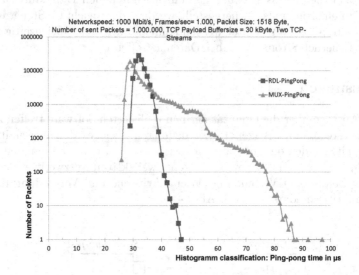

Abb. 5. Messergebnis für den Latenz des RDL und MUX.

Abbildung 5 zeigt das Ergebnis für die Latenzmessung von RDL und MUX, während zwei TCP-Verbindungen offen sind. Um den Netzwerk-Stack von Vx-Works etwas unter Last zu setzen, werden fragmentierte Daten mit einer Ursprungsgröße von 30 kByte vom TCP-Protokoll verschickt und empfangen. Bei der Betrachtung des Messergebnisses wird deutlich, dass die Worst-Case-Latenz des RDL mit 47 μs nur ca. halb so groß ist wie die des MUX-Layers mit 97 μs. Die Verschiebung der minimalen Ping-Pong-Zeit des RDL, im Vergleich zum MUX um 3 μs, ergibt sich aus seinem Task-Design und dem damit verbunde-nen höheren Verwaltungsaufwand. Die Analyse der bisherigen Tests führt zu der These, dass bei steigender Last im Netzwerk-Stack auch die Worst-Case-Latenz des MUX steigt. Der RDL hingegen verschlechtert seine Worst-Case-Latenz nur einmalig bei der Aktivierung einer niederprioren Verbindung. Das Aufbauen wei-terer Verbindungen hat keinen nennenswerten Einfluss mehr auf die Worst-Case-Latenz des RDL. Anhand der Messungen kann gezeigt werden, dass der RDL ein VxWorks-System um die Eigenschaft erweitert, kritischen Netzwerkverkehr zu priorisieren.

Literaturverzeichnis

1. Wind River VxWorks Platforms 6.9, S. 8, 2012, http://windriver.com/products/product-overviews/PO_VE_6_9_Platform_0211.pdf
2. Wind River Device Driver Developer's Guide 6.8, Vol. 2: Wirting Class-Specific Device Driver, 2009